Les misères de L(

L'enfant perdu

Ponson du Terrail

Alpha Editions

This edition published in 2024

ISBN : 9789362512130

Design and Setting By
Alpha Editions
www.alphaedis.com
Email - info@alphaedis.com

As per information held with us this book is in Public Domain.
This book is a reproduction of an important historical work. Alpha Editions uses the best technology to reproduce historical work in the same manner it was first published to preserve its original nature. Any marks or number seen are left intentionally to preserve its true form.

Contents

PREMIÈRE PARTIE .... - 1 -
I .... - 2 -
II .... - 7 -
III .... - 12 -
IV .... - 17 -
V .... - 22 -
VI .... - 27 -
VII .... - 32 -
VIII .... - 36 -
IX .... - 40 -
X .... - 44 -
XI .... - 49 -
XII .... - 54 -
XIII .... - 58 -
XIV .... - 62 -
XV .... - 66 -
XVI .... - 70 -
XVII .... - 74 -
XVIII .... - 79 -
XIX .... - 84 -
XX .... - 88 -
XXI .... - 92 -
XXII .... - 96 -
XXIII .... - 100 -
XXIV .... - 105 -
XXV .... - 110 -

XXVI	- 114 -
DEUXIÈME PARTIE	- 119 -
I	- 120 -
II	- 124 -
III	- 128 -
IV	- 132 -
V	- 136 -
VI	- 140 -
VII	- 144 -
VIII	- 148 -
IX	- 152 -
X	- 156 -
XI	- 160 -
XII	- 164 -
XIII	- 168 -
XIV	- 173 -
XV	- 178 -
XVI	- 182 -
XVII	- 186 -
XVIII	- 190 -
XIX	- 194 -
XX	- 198 -
XXI	- 202 -
XXII	- 207 -
XXIII	- 211 -
XXIV	- 216 -
XXV	- 220 -
XXVI	- 224 -

XXVII	- 228 -
XXVIII	- 232 -
XXIX	- 236 -
XXX	- 241 -
XXXI	- 245 -
XXXII	- 249 -

PREMIÈRE PARTIE

LE QUARTIER DES VOLEURS

I

L'homme gris avait dit vrai. Ni lui, ni Shoking, ni l'Irlandais en guenilles n'avaient pu retrouver Ralph.

Qu'était donc devenu le petit Irlandais?

L'enfant, après avoir sauté dans le jardin, n'avait pas hésité une minute.

Il avait couru à cet arbre qui, durant toute la journée, avait été l'objet de sa préoccupation et qui montait au long du mur; puis il s'était mis à grimper autour du tronc jusqu'à ce qu'il fût parvenu aux branches.

Là, il s'était arrêté un moment pour s'orienter.

Il voyait par-dessus le mur.

De l'autre côté de ce mur, il y avait un terrain vague entouré d'une palissade en planches.

A gauche et à droite, il y avait des toits de maisons.

Montant d'une branche dans l'autre, l'enfant gagna le mur et s'y établit à califourchon.

Puis il mesura le saut qu'il avait à faire pour arriver dans le terrain vague.

Le mur était élevé à une vingtaine de pieds du sol, et de l'autre côté, il n'y avait ni arbre ni rien qui put lui permettre d'amortir sa chute.

Ralph eut un moment de désespoir. Lui faudrait-il donc reprendre le chemin qu'il avait déjà pris, et rentrer dans sa prison?

Tout à coup, il entendit du bruit. Son effroi redoubla.

De l'endroit où il était, il voyait par-dessus le toit de mistress Fanoche, et, par conséquent, le devant du jardin.

Malgré l'obscurité, Ralph aperçut trois hommes qui entraient par la grille. Il en vit deux qui renversaient le troisième à terre, et ce spectacle, on le pense bien, n'était pas de nature à calmer sa frayeur.

C'étaient l'homme gris et son complice qui appliquaient un masque de poix sur le visage de lord Palmure et se débarrassaient de lui.

Ralph eut envie de sauter dans le terrain vague; mais l'instinct du danger l'en empêcha encore.

Le couronnement du mur était à plat. L'enfant se dressa et se mit à marcher dessus. Il arriva ainsi à l'un des deux toits.

Un saltimbanque ne se fût pas mieux tiré de ce périlleux voyage.

Parvenu au bout du mur, il monta sur le toit.

Mais ses yeux ne perdaient pas de vue la maison de mistress Fanoche dans laquelle les deux hommes étaient entrés.

A force de rôder sur le toit, il découvrit une ouverture. C'était une de ces croisées dites à tabatière qu'on perce dans les mansardes.

Il eut bonne envie de se glisser par cette fenêtre et de pénétrer dans la maison; mais la peur d'être découvert, arrêté par les habitants et reconduit à mistress Fanoche le fit hésiter encore.

Soudain un nouveau bruit se fit dans le jardin de cette dernière; en même temps une lumière apparut à la fenêtre de là chambre que Ralph venait d'abandonner et l'enfant entendit des cris auxquels se mêlait la voix aigre de mistress Fanoche.

On venait de s'apercevoir de sa fuite.

Cette fois le petit Irlandais n'hésita plus et il se laissa couler par la croisée de la mansarde.

Il se trouva alors dans une étroite chambrette, dépourvue de tous meubles et dont la porte était ouverte.

Ralph franchit le seuil de cette porte et trouva un escalier. Ses petites mains s'accrochaient à la rampe et il descendit.

Où allait-il? peu lui importait, pourvu qu'il échappât à mistress Fanoche et à la terrible Ecossaise.

La maison paraissait déserte.

On n'y voyait pas de lumière, on n'entendait aucun bruit.

L'enfant descendait avec une telle précipitation qu'il fit un faux pas et se heurta à la rampe.

C'était faire assez de bruit pour amener dans l'escalier les hôtes de la maison.

Ralph s'arrêta tout tremblant et durant quelques minutes, il n'osa bouger.

Mais personne ne vint.

Hampsteadt, nous l'avons dit déjà, est peuplé de maisons de campagne qui demeurent inhabitées en hiver.

Celle-là était de ce nombre.

Rassuré, l'enfant continua à descendre dans l'obscurité.

Quand il fut au bout de l'escalier, il devina plutôt qu'il ne vit, un vestibule, et au bout de ce vestibule une porte sous laquelle passait un rayon de clarté blafarde.

Il alla vers cette porte; mais elle était fermée.

Alors l'enfant se mit à tourner dans tous les sens; ses yeux s'habituaient peu à peu aux ténèbres, et il voyait assez distinctement les objets qui l'entouraient.

Après la porte, il trouva une croisée.

La terreur qu'il éprouvait en pensant que mistress Fanoche et des hommes qu'il ne connaissait pas étaient à sa recherche, doubla sa force et son énergie.

Après bien des efforts et des tâtonnements, il parvint à ouvrir la croisée.

Elle donnait sur une petite cour.

Cette cour était fermée par une grille; mais cette grille n'était pas élevée, et Ralph, ayant sauté dans la cour, résolut de l'escalader.

De l'autre côté de la grille, il y avait une rue.

L'enfant se mit à grimper le long des barreaux qui se terminaient en fer de lance. Il parvint au couronnement, non sans se blesser et sans ensanglanter ses petites mains.

Il prononça le nom de sa mère pour se donner du courage, et sauta dans la rue.

Il tomba sur les genoux et se meurtrit.

Mais que lui faisait maintenant la douleur? Il était libre!

Et il se mit à courir droit devant lui.

Désert ou non, un faubourg de Londres est éclairé au gaz avec une rare munificence.

De six heures du soir au matin, c'est la fête de l'hydrogène qui tient ses assises sur un parcours de vingt-cinq lieues carrées.

On avait amené Ralph endormi à Hampsteadt. Il lui était donc impossible de savoir qu'il se trouvait à plus de trois milles de distance de cette maison dans Dudley street où Shoking l'avait conduit avec sa mère.

Au bout de la rue qu'il venait de suivre, il trouva une grande artère qu'il crut reconnaître pour une de celles qu'il avait parcourues avec elle.

A Londres, toutes les rues se ressemblent.

Il enfila donc cette grande voie où les passants et les voitures étaient plus rares que les becs de gaz.

C'était Hampsteadt road.

Il marcha longtemps, sans s'apercevoir que ses mains et ses genoux saignaient.

Au bout d'une heure, il crut voir sur sa gauche une rue qui ressemblait à Dudley street, et il y entra.

Celle-là était plus étroite que Hampsteadt road, mais elle était plus éclairée, plus animée et il y avait une longue file de boutiques.

Comme l'enfant ne savait pas le nom de la rue où on l'avait conduit avec sa mère, il ne pouvait pas demander son chemin.

A la morne solitude d'Hampstead road avait peu à peu succédé la vie bruyante de Londres.

Maintenant il était sur Kings street, Camdentown.

Il marcha encore, il marcha toujours, tantôt mourant sur ses pieds, tantôt ayant une lueur d'espoir et croyant reconnaître le square Saint-Gilles ou la place des Sept-Cadrans; puis entrant dans les rues adjacentes, à droite et à gauche, et tournant souvent sur lui-même.

Cela dura quatre heures.

Au bout de ce temps, le pauvre enfant n'était pas plus avancé qu'au moment où il avait quitté le jardin de mistress Fanoche.

Alors le désespoir le prit et vint en aide à la lassitude.

Il s'assit sur la marche d'une porte à demi-perdue dans l'ombre et se mit à pleurer.

La foule est indifférente partout, mais plus encore à Londres.

Cent personnes passèrent devant ce petit malheureux qui sanglotait et ne le regardèrent même pas.

Cependant une femme passa à son tour.

Elle s'arrêta, contempla Ralph, lui mit la main sur l'épaule et lui dit:

—Qu'as-tu donc, mon cher mignon?

L'enfant leva la tête et envisagea celle qui lui adressait la parole d'une voix douce et compatissante.

Elle était jeune; elle était mise simplement, comme une fille du peuple. Elle était belle, et il sembla à l'enfant qu'elle ressemblait à sa mère.

Il redoubla ses sanglots.

—Tu es perdu, n'est-ce pas? dit-elle.

—Je cherche maman, dit l'enfant.

—Comment s'appelle-t-elle, ta mère?

—Jenny.

—Tu es Irlandais?

—Oui, madame.

Et l'enfant pleurait toujours.

—Moi aussi, dit-elle, et je me nomme Suzannah.

—Veux-tu venir avec moi, je t'aiderai à retrouver ta mère?

Il la regarda encore, et son oeil exprimait une certaine défiance.

—Viens donc, mon mignon, reprit-elle; il ne sera pas dit que Suzannah l'Irlandaise, la plus belle fille de Broke street, aura laissé un enfant de sa nation mourir de froid et peut-être de faim.

Et elle prit l'enfant par la main avec une douce insistance.

II

Il n'y a pas de fortifications à Londres comme à Paris, pas de portes, pas de grilles affectées à l'octroi.

L'octroi n'existe pas.

Londres ne finit pas, comme disent les gens du peuple. A part la cité proprement dite, tout le reste est ce qu'on appelle l'*agglomération*.

Cela explique comment le petit Irlandais avait quitté Hampsteadt et était revenu dans Londres sans s'en douter.

Après avoir erré dans Kings street, il avait fini par tomber dans Niegh street, et c'était sous le porche d'une maison de Gloucester place que l'Irlandaise Suzannah l'avait trouvé.

Il fit bien un peu de résistance, tout d'abord; mais la jeune femme le regardait avec des yeux si doux, elle lui parlait d'un ton si affectueux, qu'il finit par céder.

—Vrai, dit-il? vous êtes Irlandaise?

—Je suis née à Cork, mon mignon.

—Et vous m'aiderez à retrouver ma mère?

—Si elle est Irlandaise, ce sera facile...

—Ah! fit-il en la regardant encore.

Elle eut un sourire triste.

—Tous les Irlandais sont malheureux, dit-elle, et, même à Londres, tous les malheureux se connaissent.

—Bien sûr, madame, vous ne me trompez pas?

—Non, mon enfant.

Et elle l'embrassa; puis elle lui dit encore:

—Mais où demeure-t-elle, ta mère? dans quelle rue?

L'enfant n'avait retenu qu'un nom *Saint-Gilles*.

—Ce n'est pas une rue, dit-elle, c'est une église.

—C'est toujours par là, dit Ralph.

—Eh bien! nous irons à Saint-Gilles; si tu cherches ta mère, dit-elle, il est probable que ta mère te cherche aussi.

Cette pensée illumina l'esprit de l'enfant.

—Oh! oui, dit-il.

—Et, poursuivit Suzannah, elle ira demain à Saint-Gilles.

—Demain? fit l'enfant, pourquoi pas ce soir?

—Mais, mon mignon, dit Suzannah, parce que les églises sont fermés à cette heure.

Les enfants raisonnent avec une logique rigoureuse, ce que lui disait cette femme lui parut juste.

Il essuya ses larmes, mais il poussa un profond soupir en murmurant:

—Demain... comme c'est long!

—Mais non, dit-elle en souriant, tu ne sais donc pas qu'il est minuit?

Tout en parlant, ils avaient fait un bout de chemin, se dirigeant toujours vers le Sud.

Les rues devenaient plus éclairées, plus bruyantes.

Dans certains quartiers excentriques, Londres est plus animé la nuit que le jour.

Suzannah marchait doucement pour ménager les petites jambes de Ralph.

Arrivée devant un marchand de comestibles, elle lui dit:

—As-tu faim? veux-tu manger?

—Non, dit l'enfant.

Ils continuèrent leur route.

Ils étaient maintenant dans une large rue qu'on nomme Graysam road.

La foule nocturne devenait plus compacte.

Plusieurs hommes abordèrent Suzannah et lui tinrent des propos que l'enfant ne comprit pas.

Elle les repoussa.

Un autre lui dit:

—Tu fais bien la fière, aujourd'hui.

Suzannah répondit:

—Aujourd'hui je suis mère de famille.

Et elle continua son chemin.

Quelques pas plus loin, elle fut abordée par un autre, un homme d'assez mauvaise mine, qui l'appela par son nom.

—Quoi de nouveau, Suzannah? lui dit-il.

—Rien.

—Comment va Bulton?

—Je ne sais pas... voici deux jours que je ne l'ai vu, dit-elle.

Et sa voix subit une légère altération.

—Serait-il bloqué?

—Je ne sais pas... mais j'en tremble.

—Tiens! qu'est-ce que ce mioche?

—Un pauvre enfant perdu qui pleurait sous une porte.

L'homme regarda Ralph, et Ralph éprouva un sentiment de répulsion instinctive.

—Il est gentil, dit cet homme, une jolie graine de pick-pocket.

—Merci, dit Suzannah; j'espère bien que ça ne lui arrivera pas.

—Et pourquoi donc?

—Parce que demain je le ramènerai à sa mère.

L'homme haussa les épaules.

—Tu serais joliment battue, si Bulton t'entendait parler comme ça, dit-il. Bonsoir, Suzannah.

—Bonsoir, Craven.

—Oh! madame, dit Ralph, comme ils s'éloignaient, quel vilain homme! et comme il a l'air méchant!

Suzannah ne lui répondit pas.

Ils marchèrent encore et arrivèrent ainsi au bout de Graysiens lane, qui est perpendiculaire à une autre grande artère appelée Holborne, qui n'est elle-même que la continuation d'Oxford street.

Là, Suzannah s'arrêta un moment.

Elle paraissait inquiète et jetait autour d'elle des regards furtifs.

On eût dit qu'elle cherchait quelqu'un.

Enfin un homme, qu'elle reconnut sans doute, vint à passer.

Suzannah, tenant toujours l'enfant par la main, s'avança vivement vers lui.

—Tiens, dit celui-ci en s'arrêtant, c'est toi, Suzannah?

—Oui. As-tu vu Bulton? Voici trois jours et trois nuits que je suis sans nouvelles.

—Il a nourri une bonne affaire, et je crois que c'est pour cette nuit.

—Ah! dit la jeune femme. Alors il n'est pas pris?

—Il ne l'était pas ce matin, toujours.

Suzannah respira.

—Merci, William, dit-elle. Bonsoir!

—Tu rentres?

—Oui.

—Les affaires sont-elles bonnes?

—Comme ça, dit Suzannah. Les gentlemen font coudre leurs poches maintenant.

—Tiens, tu as donc un mioche, à présent?

—C'est un petit Irlandais qui ne sait où coucher. Je l'emmène chez moi et je le rendrai demain à sa mère.

Ces derniers mots rassurèrent Ralph.

Il ne résista pas à la douce pression de la main de Suzannah qui continua son chemin en l'entraînant.

Après avoir fait quelques pas dans Holborne, Suzannah prit tout à coup à gauche et entra dans une rue étroite, bordée de misérables maisons et qui était encombrée d'une foule de gens à mine patibulaire.

Mais l'enfant tombait de fatigue et de lassitude et il ne remarqua plus rien à partir de ce moment.

Sa conductrice s'arrêta devant une des plus chétives maisons de la rue, tira une clef de sa poche, ouvrit la porte et l'enfant se vit au seuil d'une allée noire.

—N'aie pas peur, lui dit Suzannah, et viens avec moi.

Au bout de l'allée, ils trouvèrent un escalier, montèrent au second et Suzannah ouvrit une nouvelle porte.

Puis elle se procura de la lumière.

Alors Ralph vit un réduit assez misérable dans lequel il n'y avait que deux chaises et un lit.

Sur une table, il y avait une assiette, couverte encore des débris d'un jambonneau, auprès d'un morceau de pain et d'une carafe dans laquelle se trouvait un reste de bière brune.

—Vrai? dit Suzannah, tu n'as pas faim.

—Non, madame.

—Veux-tu dormir?

—Je veux bien, répondit-il, si vous me promettez que demain vous me reconduirez à ma mère.

—Je te le promets.

Alors l'enfant s'étendit de lui-même sur le lit et s'endormit.

Mais si profond que fût son sommeil, il en fut tout à coup tiré par un grand bruit.

Un pas lourd, aviné, s'était fait entendre sur l'escalier, puis la porte s'était ouverte et Suzannah avait jeté un cri de joie.

Alors, à la lueur de la chandelle qui brûlait toujours sur la table, l'enfant éveillé en sursaut vit Suzannah se jeter au cou d'un homme de haute taille portant une barbe épaisse.

—Ah! te voilà, disait-elle, te voilà, mon bien-aimé! je t'ai cru mort...

L'homme eut un rire sinistre et embrassa Suzannah.

En même temps, le petit Irlandais se prit à frissonner, car il s'aperçut que cet homme avait les bras nus et que l'un de ses bras était couvert de sang.

III

L'homme aux bras rouges de sang n'avait pas encore aperçu Ralph.

Quant à Suzannah, elle paraissait l'avoir complètement oublié.

L'enfant tout tremblant, n'osait bouger et retenait son haleine.

—Mon Dieu! disait Suzannah, comme j'ai eu peur pour toi, mon bien-aimé!

Bulton, car c'était bien l'homme dont la jeune femme avait parlé dans la soirée, Bulton s'essuya le front.

—Ah! dit-il, l'affaire a été rude. Un moment nous avons failli être pincés, et je me suis dit: «Je ne reverrai plus ma petite Suzannah.»

Mais ce n'a été qu'une alerte.

—Et le coup a réussi?

—Regarde.

En même temps, cet homme tira de sa poche un gros sac, qu'il jeta sur la table et qui s'ouvrit en tombant.

Une profusion de pièces d'or s'en échappa.

—Oh! que de guinées! dit Suzannah.

Puis, tout à coup, elle pâlit et étouffa un cri.

—Du sang! dit-elle, du sang!

—J'en ai plein ma veste et ma chemise, répondit tranquillement Bulton.

—Vous avez assassiné le vieillard, malheureux! fit Suzannah avec une expression d'horreur.

—Non, dit Bulton. Je t'avais promis de ne pas verser de sang, et quand je promets quelque chose à ma petite Suzannah, je tiens toujours ma parole, sauf le cas de force majeure, bien entendu.

Et Bulton embrassa de nouveau Suzannah.

—Mais quel est donc ce sang? demanda-t-elle toute frissonnante.

—Voici ce qui s'est passé, répondit Bulton. La maison que nous avons dévalisée est, comme tu le sais, au milieu des champs. Nous avions garrotté le vieux qui y vit seul, après lui avoir mis le bonnet de laine, afin qu'il ne pût pas nous reconnaître. Nous avions trouvé l'or et nous le partagions tranquillement, lorsque nous entendons du bruit.

C'était une ronde de police.

Tandis qu'elle arrivait par la cour, nous avons pris la porte du côté du jardin.

J'ai escaladé le mur le dernier.

En ce moment, je me suis senti saisi par les jambes et il m'a fallu retomber dans le jardin.

Un policeman plus grand et plus fort que les autres avait devancé ses camarades, et il me serrait au cou en criant:

—A moi! à moi! j'en tiens un!

Il fallait être pris ou verser du sang. Les autres policemen arrivaient.

Je lui ai planté mon couteau dans la poitrine, il est tombé, et je me suis sauvé.

Ralph, frémissant d'horreur, avait entendu tout cela, mais il ne comprenait que vaguement.

Seulement, l'aspect de Bulton avait quelque chose d'effrayant pour lui.

Cet homme était jeune cependant, et d'une beauté mâle et farouche; on comprenait qu'il eût subjugué le coeur d'une femme tombée comme l'Irlandaise Suzannah.

Mais, pour cet enfant de dix ans, avec sa barbe inculte, son oeil féroce, sa voix retentissante, il était réellement effrayant.

Ralph eut si peur même, qu'il regretta le fouet de Mary l'Ecossaise et la maison de mistress Fanoche.

Suzannah regardait Bulton et, tout en le regardant, elle comptait l'or répandu sur la table.

Tout à coup le bandit se retourna, vit l'enfant sur le lit et s'écria:

—Tonnerre! qu'est-ce que c'est que ça?

L'épouvante de Ralph était si grande qu'il ferma les yeux et fut assez maître de lui-même pour faire semblant de dormir.

—Ça, dit Suzannah, qui eut tout à coup un accent suppliant, c'est un pauvre enfant que j'ai trouvé dans la rue.

—Ah! ah!

—Il avait froid, il pleurait...

—Et tu l'as embauché? ricana Bulton.

—C'est un petit Irlandais, je suis Irlandaise aussi, moi, et j'ai eu pitié de lui.

—En vérité! tu es une fille de coeur, ma chère, ricana Bulton.

Et il fit un pas vers le lit.

Suzannah le prit par le bras:

—Ne lui fais pas de mal, dit-elle. Vois comme il est gentil... Il dort...

—Il est gentil, en effet, dit le bandit; et qu'en comptes-tu faire?

—Je l'emmènerai demain avec moi dans le quartier irlandais, aux environs de Saint-Gilles.

—Bon!

—Et nous tâcherons de retrouver sa mère.

—Ah! fit encore Bulton.

Suzannah respira. Elle avait craint sans doute d'être battue, car elle sauta de nouveau au cou du bandit et lui dit:

—Oh! tu es bon! vois-tu, et je t'aime...

—Mais nous n'allons pas dormir tous les trois dans le même lit, dit Bulton.

—Non, certes, répondit Suzannah; et il va falloir réveiller le pauvre petit.

Elle s'approcha du lit et toucha Ralph.

Ralph ne dormait pas. Cependant il avait un peu moins peur depuis que Bulton n'avait point paru s'opposer à ce que Suzannah le reconduisit à sa mère.

Il ouvrit les yeux et fit semblant de s'éveiller.

—Ce monsieur que tu vois là, dit Suzannah, est mon mari; il ne te fera pas de mal; n'aie pas peur, mon enfant.

Ralph leva ses grands yeux sur Bulton.

—Il est gentil, en effet, ce môme-là, dit le bandit. Et tu veux le reconduire à sa mère?

—Certainement.

—Nous ferions bien mieux de le garder.

L'enfant frissonna des pieds à la tête.

—Non, non, dit Suzannah avec énergie, il doit être honnête, il ne sera pas dit que ce sera moi qui l'aurai jeté dans la fange où nous sommes.

Bulton eut un éclat de rire.

—Tu es vertueuse ce soir, Suzannah, dit-il.

Elle baissa les yeux et ne répondit pas.

—Pourtant, continua Bulton, ce petit-là pourrait nous rendre de fameux services.

—Jamais! dit Suzannah.

Une colère subite s'empara du bandit.

—Ah! tu me résistes! dit-il.

—Oui, répéta Suzannah.

—Tu me résistes, malheureuse?

Et il leva la main.

—Bats-moi, dit Suzannah, si cela te plaît, mais je ne veux pas faire de cet enfant un homme comme toi.

Bulton eut un ricanement de bête fauve.

—Par saint George! dit-il, je crois qu'elle ose me mépriser.

Il se passa alors une chose inattendue.

Comme le bandit allait frapper Suzannah, Ralph, qui se tenait immobile et tremblant au pied du lit, qu'il avait quitté sur un signe de l'Irlandaise, Ralph vint se placer résolument devant elle, et la couvrit de son corps.

Le sang du lion avait parlé; l'enfant s'était senti subitement le courage d'un homme.

Or, le courage aura toujours une action directe, exercera toujours un prestige instantané sur les natures à demi-sauvages.

En présence de cet enfant qui osait le regarder en face, Bulton se calma tout à coup.

—Par saint George! exclama-t-il, voilà un hardi petit compagnon; tu es gentil, mon mignon, et je ne battrai pas Suzannah, puisque tu veux la défendre.

En même temps, il voulut embrasser l'enfant qui recula.

—Il est fier, dit Bulton en riant, c'est bien ça.....

Puis il embrassa Suzannah.

La jeune femme le regarda avec cet oeil soumis et passionné de la créature qui redoute son maître.

—Tu te fais toujours plus méchant que tu n'es, dit-elle.

—Mon mignon, dit Bulton qui passa ses doigts robustes dans les cheveux blonds de Ralph, nous ferons ce que tu veux et ce que veut Suzannah, nous te ramènerons demain à ta mère.

Et la voix du bandit était devenue presque caressante.

L'enfant le regarda avec défiance.

—Je te le promets, moi, dit Suzannah.

Puis elle retira un matelas de son lit et le porta dans un coin de la chambre.

—Viens te coucher là, dit-elle.

Quand l'enfant fut endormi, Bulton dit à Suzannah, en lui parlant à l'oreille:

—C'est le diable qui nous envoie cet enfant.

—Que veux-tu dire? fit-elle.

—Grâce à lui, demain, à pareille heure, nous aurons dix fois plus d'or que tu n'en as eu ce soir.

—Bulton, Bulton, dit Suzannah d'un ton de reproche, je t'ai dit que je ne voulais pas perdre cet enfant...

—Ne te fâche pas, dit le bandit, et écoute-moi... tu verras.....

Cette fois, Ralph dormait tout de bon, et le bandit put à loisir faire ses confidences à Suzannah l'Irlandaise.

IV

Bulton colla ses lèvres à l'oreille de Suzannah.

Ils étaient côte à côte et l'obscurité la plus profonde régnait dans la chambre.

On n'entendait que le bruit paisible et régulier de la respiration du petit Irlandais qui dormait.

—Vois-tu, dit alors Bulton, j'ai idée d'en finir d'un coup.

—Que veux-tu dire?

—Un jour ou l'autre on me prendra et j'irai danser les pieds dans le vide devant Newgate ou devant Clarkenweid.

—Tais-toi, ne parle pas ainsi... tu me fais mourir par avance, murmura Suzannah qui l'étreignit avec passion.

—Cela arrivera tôt ou tard, te dis-je.

—Tais-toi!... au nom du ciel!

Le bandit eut un ricanement.

—C'est précisément parce que le ciel existe que cela arrivera, te dis-je. Cependant si nous avions seulement mille livres sterling...

—Eh bien?

—Peut-être échapperais-je à mon sort, peut être pourrions-nous être heureux?

—Heureux! murmura Suzannah avec extase.

—Tu ne ferais plus ton honteux métier, tu ne volerais plus, et nous quitterions l'Angleterre.

—Où irions-nous?

—En France. Nous nous marierions et je tâcherais de vivre honnêtement.

Suzannah pressa Bulton dans ses bras.

—Tu ferais cela? dit-elle.

—Oui.

Elle soupira.

—Mais, hélas! fit-elle, nous n'aurons jamais mille livres.

—Qui sait?

Et, comme elle attendait qu'il s'expliquât:

—Cet enfant, poursuivit-il, pourrait nous rendre un grand service.

—Oh! Bulton! Bulton! mon bien-aimé, dit Suzannah d'un ton de reproche, pourquoi veux-tu faire de ce malheureux enfant un voleur? N'as-tu pas vu comme il était beau... comme il ressemblait à un petit ange?... ne frissonnes-tu donc pas en pensant que nous pourrions envoyer au moulin cette innocente créature?

Le bandit eut un rire moqueur:

—Tu es vraiment émouvante, ma chère; quand tu parles ainsi. Cependant, je ne veux pas te faire de peine, ma Suzannah, et je te promets que je ne m'opposerai pas à ce que tu le ramènes à sa mère, mais quand il nous aura rendu le service dont j'ai besoin.

—Quel est donc ce service? demanda Suzannah.

—Écoute-moi bien.

Et Bulton baissa la voix plus encore.

—Je nourris une affaire depuis longtemps, dit-il, une affaire superbe.

—Ah!

—Je n'en ai parlé à aucun des camarades, car il faudrait partager, et ce n'est pas mille livres, c'est deux mille, peut-être trois ou quatre que nous aurions.

—Quatre mille livres! murmura Suzannah. Et à qui donc veux-tu voler ça?

—A un homme qui a volé tout le monde, les pauvres et les riches, dont le nom est exécré dans Londres, et qui, lorsqu'il passe dans une rue, est poursuivi par les malédictions du peuple.

—Quel est donc cet homme?

—On l'appelle Thomas Elgin.

—L'usurier?

—Justement.

—Et c'est cet homme que tu veux voler toi?

—Mon plan est fait. J'ai l'empreinte de toutes les serrures, depuis celle de la grille de son petit jardin sur le square jusqu'à celle de son bureau où est sa caisse. Ayant les empreintes, j'ai fabriqué les clefs.

—Mais où demeure-t-il, ce Thomas Elgin?

—Dans Kilburne square, tout auprès de la station de Western-Railway, il vit seul et n'a même pas de servante. Il prend ses repas dans un boarding de la Cité et ne rentre chez lui que le soir assez tard.

—Mais, dit Suzannah, il n'a probablement jamais d'argent chez lui.

—Dans la semaine, jamais. Il a tout son argent à la Banque. Mais Thomas Elgin n'est pas homme à perdre un jour par semaine, et il estime qu'on doit travailler le dimanche aussi bien que les autres jours.

—Ah! fit Suzannah.

—Il y a des gens qui ont besoin d'argent le dimanche tout aussi bien que dans la semaine, et c'est même ce jour-là qu'il fait les meilleures affaires.

Donc, continua Bulton, le samedi, Thomas Elgin passe à la Banque et y prend quelquefois mille, quelquefois deux et même quatre mille, livres en or et en banknotes, et il les emporte chez lui.

—Ah! fit Suzannah.

—Il a une caisse chez lui, une caisse qui est un chef-d'oeuvre et que personne que moi ne saurait forcer. Mais j'ai trouvé le secret, moi.

—Comment?

—Avant d'être voleur, j'ai tenu une boutique, poursuivit Bulton. Nous ne nous connaissions pas alors, ma Suzannah, et j'avais une femme légitime. C'est Thomas Elgin qui m'a ruiné, et ma femme en est morte de chagrin.

—Continue, dit Suzannah avec émotion.

—Thomas Elgin m'a prêté, à trois cents pour cent, douze livres pour lesquelles il m'a envoyé à White-cross, et c'est un dimanche qu'il m'a remis cette somme.

La caisse de l'usurier est dans une petite salle qui n'a qu'une porte.

Dans le milieu de cette porte est percé un judas qui a deux pouces carrés de largeur.

Quand un homme à qui Thomas Elgin a affaire se présente, il regarde par ce guichet avant d'ouvrir.

Si j'avais pu passer la main, il y a longtemps que j'aurais dévalisé l'usurier.

—Tu n'as donc pas l'empreinte de la serrure.

—Si, mais si j'essayais d'ouvrir cette porte, je serais mort.

—Comment cela?

—C'est un homme ingénieux que M. Thomas Elgin, poursuivit Bulton.

—Qu'a-t-il donc imaginé?

—Il y a derrière la porte un pistolet disposé de telle manière que la porte, en s'ouvrant, le ferait partir et qu'il tuerait celui qui voudrait entrer.

—Mais enfin, dit Suzannah, quand M. Thomas Elgin entre chez lui et qu'il ouvre cette porte, comment fait-il pour empêcher le pistolet de partir.

—Voilà, dit Bulton, la seule chose que je n'aie pu trouver. Je me suis bien cassé la tête, mais je n'ai pu y parvenir.

—Alors, le vol est impossible.

—Oui et non.

—Comment cela?

—Suppose un moment que le guichet est assez large pour que j'y puisse passer le bras.

—Bon.

—Je promène ma main le long de la porte, en dedans, jusqu'à ce que j'aie trouvé une corde.

—Qu'est-ce que cette corde?

—Celle qui, tirée violemment par une poulie, si la porte s'ouvrait, et attachée à la détente du pistolet qui est placé sur un affût, le ferait partir.

—Après? dit Suzannah.

—La corde est lâche, comme tu le penses bien il faut que la porte s'ouvre à moitié pour qu'elle se tende et pèse sur la détente, sans cela la balle, chassée trop vite, rencontrerait la porte et non le le corps du voleur.

—Je comprends.

—Ma main rencontre donc la corde et comme elle est munie d'une paire de ciseaux, elle la coupe.

—Ah! j'y suis.

—Mais, dit Bulton, j'ai la main trop grosse, et toi aussi; et il n'y a qu'une main d'enfant, celle du petit, par exemple, qui puisse...

—Écoute, dit Suzannah, si tu me jures que, ce vol accompli, nous rendrons l'enfant à sa mère, je ne m'opposerai pas à ton projet.

—Je te le promets.

—Mais, dit encore Suzannah, probablement en rentrant chez lui avec de l'argent, le samedi soir, M. Thomas Elgin ne sort plus.

—Au contraire. Quand il a refermé sa caisse, disposé son pistolet et pris toutes ses précautions, il s'en retourne passer sa soirée à Londres, tantôt dans les galeries de l'Alhambra, dans Leicester square, tantôt à Argyll-Rooms, ou bien encore au théâtre du Lycéum. C'est donc entre neuf et dix heures du soir qu'il faudrait faire le coup, car c'est demain samedi.

—Mais que ferons-nous de l'enfant, d'ici-là?

—Je me charge de le faire patienter, dit Bulton.

—Tu le battras? demanda Suzannah d'une voix tremblante.

—Pas du tout.

—Tu me le promets?

—Je te le jure.

—Mais comment feras-tu?

—Tu le verras...

Et le bandit et la femme perdue s'endormirent à leur tour.

V

Un de ces pâles rayons de jour, qui se dégageait péniblement du brouillard, pénétrait dans la chambre de Suzannah l'Irlandaise, lorsqu'elle s'éveilla.

Bulton était déjà levé.

L'enfant dormait encore, brisé qu'il était par la fatigue de la veille.

Bulton était assis auprès de la fenêtre et paraissait fort occupé.

Son occupation consistait à limer et à polir un trousseau de clefs, dont chacune portait une petite ficelle de couleur différente, étiquettes mystérieuses, intelligibles pour lui seul.

Malgré le grincement de la lime, Ralph était immobile sur son lit improvisé.

—Pauvre petit! dit Suzannah en le regardant.

Et elle avisa ses chaussures, couvertes de cette boue noire qui est particulière à Londres.

—Comme il a dû marcher! dit-elle.

Bulton se mit à rire.

—Tu serais une bien bonne mère de famille, ma chère, dit-il.

—Et toi, répondit Suzannah, qui vint entourer de ses bras blancs le cou musculeux du bandit, tu es meilleur que tu n'en as l'air. Je parie que tu prendrais cet enfant en affection.

—La preuve en est, répondit Bulton, que je voudrais le garder.

—Oh! non, répondit Suzannah, il ne faut pas faire cela... D'ailleurs, tu me l'a promis, n'est-ce pas?

—Je te le promets encore, mais quand il aura coupé la corde.

—Soit, dit Suzannah. Cependant j'ai envie de faire une chose.

—Laquelle?

—De m'en aller errer, toute seule, aux environs de Saint-Gilles.

—Pourquoi faire?

—Et de m'enquérir adroitement si on n'a pas perdu un enfant... si on ne connaît pas quelque pauvre mère en pleurs... si...

—Il sera toujours temps de faire cela demain.

—Pourquoi pas aujourd'hui?

—Je te le répète, parce que nous avons besoin de l'enfant ce soir. Ensuite, suppose qu'en ton absence il s'éveille...

—Bon!

—Ne te voyant plus, il se mettra à pleurer et voudra s'en aller. Tu sais que je ne suis pas patient.

—Non, certes, répondit Suzannah, et tu le battras. Oui, tu as raison, il vaut mieux que je reste, mais comment le faire patienter jusqu'à demain?

—Quand il s'éveillera, il aura faim.

—Soit.

—Il aura soif...

—Eh bien?

—Tu sais bien que lorsque, nous autres voleurs, nous voulons griser et endormir les gens, c'est très-facile: deux gouttes de gin mélangé de bitter dans un pot de bière brune, et le tour est fait.

—Tais-toi, dit Suzannah.

Et elle jeta un regard rapide sur Ralph, qui venait de s'agiter légèrement.

En effet peu après, l'enfant ouvrit les yeux et prononça un mot: «Maman.»

Suzannah s'approcha de lui et le prit dans ses bras.

—Ta mère, mon enfant, dit-elle, je t'ai promis que nous la chercherions.

—Tout de suite, n'est-ce pas? dit-il.

Il se leva et, ayant aperçu Bulton, il éprouva un nouveau mouvement d'effroi.

Mais le bandit lui sourit, adoucit sa voix et son regard et lui dit:

—N'aie donc pas peur de moi, mon chérubin, je suis le mari de madame et je ne veux pas te faire du mal.

—Cela est bien vrai, fit Suzannah qui embrassa le petit Irlandais.

Celui-ci était déjà prêt à partir, mais il aperçut sur la table les restes du souper de Suzannah, et son regard trahit le vide de son estomac.

—Tu as faim, n'est-ce pas? dit-elle.

L'enfant ne répondit rien, mais il rougit.

Il mourait de faim en effet.

—C'est loin d'ici l'église Saint-Gilles, poursuivit Suzannah et il te faudra beaucoup marcher encore. Par conséquent il faut que tu aies de la force. Allons, mange, mange, mon mignon, nous allons déjeûner.

—Je vais aller chercher du jambon et de la bière, dit Bulton, qui se leva à son tour et sortit.

Son départ fit sur Ralph un effet tout semblable à celui qui se produirait pour une personne oppressée, si une fenêtre venait à s'ouvrir et laissait pénétrer une bouffée de grand air.

Il lui sembla qu'il était plus en sûreté, et que Suzannah lui parlait avec plus de douceur.

Alors celle-ci se mit, pour tromper son impatience, à lui faire mille questions sur sa mère, sur l'endroit où il l'avait laissée et sur ce qui lui était arrivé.

Ralph se souvenait exactement des différentes circonstances de son arrivée à Londres, de son entrée chez mistress Fanoche.

Il parla des petites filles qui lui avaient prédit qu'il serait battu; et comme il en était au milieu de son récit, Bulton revint avec des provisions et un pot de bière.

L'enfant voulut s'arrêter encore, mais Suzannah lui dit:

—Puisque monsieur est mon mari, pourquoi ne parles-tu pas devant lui?

Ralph s'enhardit; et il répéta devant le bandit ce qu'il avait dit déjà.

Un fait se dégagea, pour ce dernier et pour Suzannah, des paroles de l'enfant, c'est qu'il n'avait que des souvenirs très-vagues du quartier où on l'avait conduit et que par conséquent, on pourrait, sous prétexte de le mener à Saint-Gilles, l'entraîner dans un autre quartier de Londres sans qu'il s'en aperçut.

Les voleurs de Londres, tout comme ceux de Paris, ont un argot, une sorte de langue verte qui n'est compréhensible que d'eux seuls.

Bulton se mit à parler cette langue et il dit à Suzannah:

—Je renonce à griser l'enfant.

—Ah!

—Tu vas t'en aller avec lui, tous les squares se ressemblent, à Londres, et en place de le mener à Saint-Gilles, tu le mèneras à Kilburn square.

—Bon!

—Tu le promèneras dans tous les environs jusqu'à ce qu'il soit rompu de fatigue. Il n'aura pas à soupçonner la vérité et à mettre en doute ta bonne foi, et quand il sera bien las, tu entreras dans un public-house qui est dans le

Kursalt Pince Lane, à l'angle d'Edward road, et tu m'y attendras, cela vaut mieux.

—Je préfère cela aussi, dit Suzannah.

—J'aurai les clefs toutes prêtes, je serais mis comme un gentleman, et j'arriverai eu cab: fie-t'en à moi pour le reste.

—C'est bien, dit Suzannah.

Ralph mangea avec avidité, et on lui donna à boire de la bière sans addition de gin et de bitter. Puis Suzannah prit son châle et son chapeau et lui dit:

—Maintenant, allons chercher ta mère.

Et l'enfant partit avec elle, plein de confiance et consentit à embrasser Bulton.

Le programme de ce dernier fut suivi à la lettre.

Suzannah tenait l'enfant par la main, descendit le Brok street et tourna dans le Holborne.

Un des nombreux omnibus qui vont à Regent's parck passait en ce moment.

Suzannah fit signe au cocher qui s'arrêta.

Ralph ne fit aucune difficulté de monter avec l'Irlandaise, et une demi-heure après, ils descendaient dans Albert road.

Alors Suzannah se mit à lui faire parcourir les rues environnantes, en lui disant:

—Regarde-bien, est-ce là?

—Non, disait l'enfant.

Et ils se remettaient en route.

Elle le traîna ainsi tout le jour, avec une patience qui acheva de lui gagner la confiance du pauvre enfant.

Et la nuit vint, et Ralph n'avait ni reconnu la rue de mistress Fanoche, ni retrouvé sa mère.

Il était si las que Suzannah le prit dans ses bras et le porta.

Elle le porta jusqu'à ce public-house dont avait, parlé Bulton.

Et l'enfant, docile désormais, consentit à s'asseoir et à souper avec l'Irlandaise.

La nuit était venue.

—Nous allons nous en retourner chez nous, dit Suzannah, et demain nous chercherons encore...

L'enfant était triste, mais il avait cessé de pleurer.

L'âme d'un homme était en lui.

Tout à coup la porte du public-house s'ouvrit et Bulton entra.

—Je crois bien, dit-il, que j'ai retrouvé ta mère.

L'enfant jeta un cri de joie et tendit les bras au bandit.

VI

Suzannah regarda Bulton, au cou de qui sautait l'enfant.

Bulton lui fit un signe imperceptible qui voulait dire:

—Tais-toi donc, c'est pour qu'il fasse ce que nous voudrons.

Le bandit avait arrangé une petite histoire propre à frapper l'imagination de Ralph, et il en avait pris les premiers éléments dans le récit même du pauvre enfant.

Au cri de joie poussé par le petit Irlandais, quelques personnes qui se trouvaient dans le public-house s'étaient retournées.

—Ne fais pas de bruit, lui dit Bulton, ne crie pas, et écoute-moi bien.

Il avait su trouver une voix sympathique et se faire un visage affectueux.

L'enfant qui, le matin encore, avait peur de lui, se sentit pris d'une sorte de tendresse subite pour cet homme qui lui promettait de lui rendre sa mère.

Bulton fit un nouveau signe à Suzannah, et tous trois passèrent dans le parloir du public-house, où il n'y avait personne.

Là, Bulton dit:

—Nous avons le temps... il ne faut pas nous presser... Écoute-moi bien, mon mignon.

Ralph le regardait avec anxiété.

—Ta mère est en prison, dit Bulton.

L'enfant joignit les mains et leva un regard douloureux.

Bulton continua:

—Elle est en prison, comme tu l'étais toi-même, nous as-tu dit, dans une maison particulière. Ceux qui t'ont emmené d'un côté et te battaient, ont emmené ta mère de l'autre.

L'enfant eut un geste de colère.

—Oh! dit-il, est-ce qu'ils ont osé la battre?

—Non, mais ils la battront si nous ne la délivrons pas. Heureusement je suis là, moi.

Et Bulton prit un air de matamore qui acheva de convaincre le petit Irlandais.

—Et où est-elle? demanda Suzannah à son tour.

Cette question faite avec une grande naïveté eût achevé de convaincre Ralph.

—Elle n'est pas bien loin d'ici, dans une maison où on l'a enfermée, continua Bulton.

—Allons vite la délivrer! dit l'enfant.

Bulton sourit.

—Tu n'es plus un enfant, dit-il, tu es un homme et tu comprendras pourquoi nous ne partons pas de suite.

—Ah! dit Ralph en le regardant. Eh bien! pourquoi?

—Parce qu'il faut attendre que ses gardiens soient couchés et que les rues soient désertes.

Ralph ne fit pas d'objection. Il comprenait vaguement que Bulton devait avoir raison.

Suzannah se remit à parler cette langue verte des voleurs de Londres qui ne pouvait être intelligible pour le petit Irlandais.

—As-tu donc tout préparé? dit-elle à Bulton.

—Oui. J'ai les fausses clefs. De plus je suis venu en cab et j'ai laissé le cocher à la porte.

—Pourquoi avoir pris un cab?

—Pour ne pas éveiller de soupçons d'abord.

Quand on verra une voiture à la porte, les passants ne feront nullement attention à nous, ils croiront que nous sommes des clients de Thomas Elgin. Ensuite, une fois que nous aurons l'argent, nous filerons plus vite.

—Es-tu donc bien sur qu'il ait de l'argent aujourd'hui?

—J'en suis certain.

—Comment?

—Je l'ai vu entrer à la Banque à trois heures et demie.

—Et il ne t'a pas vu, lui?

—Non. D'ailleurs, je suis bien changé depuis le temps où j'étais son client; il ne me reconnaîtrait pas.

Bulton regarda la pendule du public-house.

Elle marquait huit heures et demie.

—Nous n'avons plus qu'une demi-heure à attendre, dit-il.

—Ah! dit Suzannah.

—Comme Thomas Elgin sortait de la banque, poursuivit Bulton, je l'ai entendu qui donnait rendez-vous à une personne pour dix heures dans Leicester square. Il ira donc prendre le train de neuf heures à la station.

Quand le sifflet de la locomotive se fera entendre, nous partirons.

—Mais, dit Suzannah, quand nous aurons fait le coup, que ferons-nous de l'enfant?

—Nous le conduirons à Saint-Gilles, au work-house. Il est à peu près certain que ses parents viendront l'y réclamer.

—Et nous.

—Nous filerons dès demain matin par le South-Eastern-Railway...

—Tu es donc toujours décidé à aller en France?

—Toujours.

Suzannah sauta au cou de Bulton.

Ils causèrent ainsi quelques minutes encore; puis le bandit se leva, jeta une demi-couronne sur le comptoir pour payer la dépense et sortit le premier.

Suzannah reprit l'enfant par la main:

—Viens, dit-elle.

—Madame, demanda Ralph, bien sûr, n'est-ce pas, que nous allons revoir maman?

—Oui, mon mignon.

Le cab dont avait parlé Bulton était, en effet, à la porte du public-house.

Suzannah y monta la première, fit asseoir Ralph auprès d'elle et Bulton monta à côté du cocher.

—Où allons-nous? demanda le cabman.

—Kilburn square, je t'arrêterai à la porte, dit Bulton; mais auparavant, passe devant la station du railway.

On entendait dans le lointain le sifflet du train et Bulton n'était pas fâché de voir partir Thomas Elgin.

Sur son ordre, le cocher alla lentement, et, comme il arrivait devant la station, Bulton aperçut un homme qui se dirigeait en toute hâte vers le guichet.

Cet homme, enveloppé dans un chaud *imperméable*, marchait le nez au vent, les mains dans les poches, avec un petit air de satisfaction.

C'était M. Thomas Elgin.

Bulton vit l'usurier monter les marches de la station, s'approcher du guichet et demander un ticket.

—A présent, pensa le bandit, nous sommes tranquilles, et tout ira bien. Kilburn square, et rondement.

Le cocher anglais est l'homme discret par excellence. Il voit tout et ne regarde rien, entend tout et ne cherche pas même à comprendre.

Il serait témoin d'un assassinat que l'idée d'appeler le policeman ne lui viendrait même pas.

Celui qui conduisait Bulton ne se demanda seulement pas pourquoi on l'avait fait passer par la gare du chemin de fer, ce qui était, en partant du public-house, le chemin le plus long, et fouettant son cheval, il arriva à Kilburn square.

—Vois-tu cette maison blanche, là, à droite? dit Bulton. C'est là.

Le cab s'arrêta.

Suzannah descendit, donnant toujours la main à l'enfant.

La soirée était brumeuse, le square désert, et la lueur des réverbères ne perçait qu'imparfaitement le brouillard.

Bulton était fort proprement vêtu, et il avait l'air d'un parfait gentleman.

Il y aurait eu du monde dans le square, que nul n'aurait trouvé extraordinaire que cet homme s'arrêtât devant la grille de la maison, tirât une petite clef de sa poche et l'ouvrit.

A Londres, dans les quartiers excentriques et non commerçants, il y a devant chaque maison un petit jardin de six à huit mètres de profondeur.

Bulton, Suzannah et l'enfant traversèrent ce jardin et arrivèrent à la porte d'entrée.

Là, le bandit fit usage d'une nouvelle, clef qui tourna dans la serrure aussi facilement que la première, et les deux voleurs et leur innocent complice se trouvèrent dans la maison.

Ils avaient devant eux un vestibule dallé en marbre avec des murs peints et vernis, quelques siéges d'acajou et un dressoir.

Bulton avait tiré de sa poche une de ces bougies minces et repliées sur elles-mêmes comme un écheveau, auxquelles on a donné le nom de rats de cave, puis il l'avait allumée à l'aide d'un briquet phosphorique.

—Et c'est ici qu'est maman? dit l'enfant joyeux.

—Oui, silence! répondit Bulton.

Au fond du vestibule, il y avait une porte complétement fermée au pêne.

Bulton, qui marchait le premier, l'ouvrit, et Ralph aperçut un parloir qui ressemblait vaguement à celui de mistress Fanoche.

Il en conclut que Bulton lui avait dit vrai et que sa mère devait se trouver dans cette maison.

En face de la porte d'entrée du parloir, il y en avait une autre qui était masquée par un rideau.

Celle-là donnait sur un corridor et, à l'extrémité de ce corridor, on en voyait une troisième.

—C'est là, dit Bulton.

Et il montra à Suzannah une petite moulure carrée percée dans le milieu.

VII

Occupons-nous maintenant un moment de M. Thomas Elgin, et pénétrons dans le bureau qu'il avait à Londres, en rétrogradant de quelques heures.

M. Thomas Elgin sortait de la banque où il avait pris une somme de deux mille livres, pour les éventualités de son petit commerce, lequel allait aussi bien le dimanche que les autres jours.

Puis, avant de prendre l'omnibus qui devait le conduire à Kilburn square, il avait donné rendez-vous à un petit bourgeois de ses amis, avec lequel il passait volontiers ses soirées, soit à Argyll-rooms, soit à l'Alhambra.

Enfin, il s'était souvenu qu'il avait oublié de répondre à deux de ses correspondants de Dublin et, au lieu de retourner à son domicile privé, il avait passé par son bureau, une sorte d'échoppe située au fond d'un passage dans Oxford street.

—Je dînerai une demi-heure plus tard, s'était-il dit; mais il faut que j'écrive ce soir, car la poste ne part pas le dimanche.

Tandis qu'après avoir mis, en homme soigneux qu'il était, ses manches de lustrine, il taillait sa plume auprès d'un petit poêle où brûlait un maigre feu de coke, il entendit frapper à la porte.

—Entrez! dit-il sans se déranger.

Mais à peine la porte se fut-elle ouverte, que M. Thomas Elgin se leva vivement, perdit son air arrogant et hautain, ôta vivement son chapeau et salua avec une politesse obséquieuse.

Le personnage qui venait de franchir le seuil de l'ignoble boutique de l'usurier, était un homme de haute mine, entièrement vêtu de noir, jeune encore, mais complètement chauve, et dont l'oeil bleu accusait une énergique volonté.

—Vous ne m'attendiez peut-être pas, M. Elgin? dit-il.

—En effet, Votre Honneur, j'étais loin de supposer... Je ne croyais pas...

—M. Thomas Elgin, dit l'inconnu, je n'ai pas le temps de causer longuement avec vous. Nous irons donc vite en besogne, si vous le voulez bien.

—J'attends que Votre Honneur daigne m'expliquer...

—Vous avez fait arrêter l'abbé Samuel?

—Oui, Votre Honneur.

—C'est bien, mais ce n'est pas assez...

Thomas Elgin regarda son visiteur.

—L'abbé Samuel n'a pu célébrer la messe à Saint-Gilles le 26 octobre.

—Il a été arrêté à six heures du matin.

—Et un grand danger qui menaçait la cause que je sers et que vous servez, par cela même, a été évité, poursuivit l'homme vêtu de noir. Quatre hommes dangereux pour l'Angleterre, que cette cérémonie religieuse devait réunir, le cherchent inutilement dans Londres et ne peuvent le retrouver.

Nous, au contraire, nous avons les yeux sur eux et ils ne nous échapperont pas.

—Ah! fit Thomas Elgin.

—L'un d'eux, reprit le visiteur, a été volé en débarquant à Liverpool. Il venait d'Amérique et était muni d'une lettre de crédit sur la maison de banque Davis-Humphrey et Co.

La lettre de crédit ayant disparu avec son portefeuille, il se trouve sans ressources. Un de nos émissaires, qui le suit nuit et jour, lui a persuadé de s'adresser à vous; et demain, dimanche, il ira frapper à la porte de votre maison, dans Kilburn square. Il vous demandera mille livres pour un mois, vous lui en offrirez trois mille.

—Trois mille livres! exclama M. Thomas Elgin; mais, Votre Honneur, cette somme...

—Vous ne l'avez pas sur vous?

—Non, mon argent est à la Banque, et la Banque est fermée jusqu'à lundi.

—Aussi, dit l'inconnu en souriant, je vous l'apporte.

Il déboutonna sa redingote noire, tira de sa poche un portefeuille et de ce portefeuille une poignée de bank-notes qu'il étala devant M. Thomas Elgin en lui disant:

—Comptez.

L'usurier prit l'argent et le mit, à son tour, dans sa poche.

—C'est là tout ce que j'avais à vous dire pour le moment, dit l'inconnu, M. Elgin.

—Je suis votre serviteur très-humble, Votre Honneur, dit l'usurier, qui reconduisit son visiteur avec une politesse servile.

—Hé! hé! se dit M. Thomas Elgin, jamais je n'aurai eu cinq mille livres chez moi, dans Kilburn square; il faudra, ce soir, prendre quelques petites précautions. Et il sauta dans un cab et se rendit chez lui, où il arriva vers dix heures.

La description que Bulton avait faite à Suzannah, de la pièce où M. Thomas Elgin avait sa caisse, était parfaitement exacte.

La porte avait un petit guichet, par lequel M. Elgin voyait, avant d'ouvrir, à qui il avait affaire.

L'usurier, qui était toujours seul dans la semaine, vivait chez lui le dimanche, et gardait tout le jour sa femme de ménage, qui introduisait les visiteurs.

Il rentra donc chez lui, s'enferma dans son bureau, ouvrit sa caisse et y mit les deux mille livres, qu'il avait prises à la Banque, et les trois mille que lui avait apportées l'homme vêtu de noir.

—Il faut tout prévoir, se dit-il alors.

Le canon de pistolet posé sur un affût, dont avait parlé Bulton, existait réellement.

Le mécanisme était d'une simplicité formidable.

L'affût était un morceau de bois enfoncé dans une large rondelle de plomb.

Le pistolet, qui était à deux coups, était posé sur ce morceau de bois, en face de la porte, et une ficelle attachée à la détente, passait dans un anneau enfoncé dans le mur et venait se rattacher à la porte, au-dessous du guichet.

La porte, en s'ouvrant, pesait sur la ficelle, la tendait et faisait partir le pistolet, qui tuait le voleur.

Bulton avait parfaitement étudié et compris ce mécanisme, qu'il avait observé en s'introduisant un jour dans le jardin de la maison, sous l'habit d'un des jardiniers du square, et en regardant dans la pièce par la fenêtre, qui était garnie d'énormes barreaux de fer.

Le bandit avait même songé un moment à tourner la difficulté en sciant l'un des barreaux, mais il avait calculé que ce travail dans lequel il pouvait être surpris, ne durerait pas moins de sept ou huit heures, et l'idée de se servir des petites mains de Ralph pour couper la corde, lui avait paru meilleure.

Seulement, Bulton croyait tout savoir, et ne savait pas tout.

M. Thomas Elgin avait un luxe de précaution pour les grandes circonstances.

Quand il n'avait dans sa caisse que mille ou quinze cents livres, le pistolet suffisait.

Dans les grandes occasions, il employait le canon.

Ce canon était une espèce de tromblon évasé qu'il fixait sur sa caisse, chargé à mitraille, la gueule inclinée de haut en bas vers la porte et qu'une deuxième ficelle placée différemment mettait en contact avec elle.

Cinq mille livres sterling, c'est-à-dire cent vingt-cinq mille francs ne sont point une bagatelle.

Quand il eut donc refermé sa caisse, M. Thomas Elgin, l'usurier, disposa son tromblon, le pointa, fit passer la ficelle dans l'anneau du mur et la rattacha, non à la serrure, mais à un verrou qui se trouvait tout en haut de la porte, à droite du guichet.

En atteignant celui-ci, en regardant de haut en bas, on pouvait apercevoir la corde du pistolet, mais il était impossible de voir celle du tromblon.

Cela fait, M. Thomas Elgin ne songea point, comme on le pense, à sortir par la porte.

Il écarta un peu son lit, car c'était dans cette pièce qu'il couchait, pressa une feuille du parquet et cette feuille s'ouvrit et laissa voir un petit escalier qui descendait dans le sous-sol.

Cette issue secrète était si habilement ménagée que Bulton ne l'avait point devinée, et qu'il se creusait encore la tête, le matin même, pour savoir comment M. Thomas Elgin sortait de sa chambre, une fois le pistolet placé sur son affût. M. Thomas Elgin sortit donc de chez lui par le sous-sol, ferma la grille du jardin comme à l'ordinaire, et s'en alla au chemin de fer, ne se doutant pas que le cab qui traversait la station au moment où il rentrait, renfermait des gens qui s'apprêtaient à le dévaliser.

VIII

M. Thomas Elgin s'approcha donc du guichet et demanda son billet.

En même temps, un autre train qui venait de Londres entra en gare, et comme l'usurier s'apprêtait à descendre, il aperçut un homme qui montait l'escalier et qui le salua.

Cet homme n'était autre que notre ancienne connaissance, le recors du commerce surnommé *l'homme sensible*, et appelé de son vrai nom John Clavery.

Après lui avoir rendu son salut, M. Thomas Elgin allait passer outre, mais John Clavery l'aborda et lui dit:

—J'allais précisément chez vous.

—Chez moi?

—Oui, et vous ne serez pas fâché de ma visite.

M. Thomas Elgin remonta l'escalier et revint, suivi de l'homme sensible, dans la salle d'attente, en disant:

—De quoi s'agit-il?

—Je vous apporte de l'argent, et, ce n'est pas pour dire, mais vous avez une fière chance.

—Vous m'apportez de l'argent?

—Oui.

—De qui donc?

—Du prêtre irlandais.

M. Thomas Elgin ne put se défendre de pâlir.

—Comment, dit-il, le prêtre irlandais a payé?

—Oui.

—Quand?

—Il y a deux jours.

—C'est impossible! s'écria l'usurier que cette nouvelle était loin de combler de joie.

—C'est pourtant la vérité pure.

—Ainsi, il est sorti de White-cross?

—Avant-hier matin.

—Ah! dit M. Thomas Elgin, qui contint de son mieux l'émotion qu'il éprouva.

—Voilà vos deux cents livres, ajouta John Clavery, en tirant de la poche de sa redingote usée un portefeuille plus usé encore.

Et il en tira huit bank-notes qu'il tendit à M. Thomas Elgin.

Celui-ci était si bouleversé qu'il s'appuya au mur de la salle d'attente, et laissa partir le train.

L'homme sensible ne put s'empêcher de murmurer:

—Par exemple, voici la première fois que M. Thomas Elgin fait une semblable grimace en recevant de l'argent. C'est à n'y rien comprendre.

Mais l'usurier ne songea nullement à donner des explications à M. John Clavery et, ayant en poche l'argent, il se contenta de lui dire:

—Merci bien, monsieur Clavery, merci mille fois, et au revoir!

Et il s'éloigna brusquement.

—Drôle d'homme, murmura John Clavery, qui le vit reprendre le chemin de Kilburn square, drôle d'homme en vérité!

En effet, M. Thomas Elgin, qui avait une grande demi-heure devant lui avant de pouvoir prendre le train suivant pour s'en retourner à Londres, fit cette réflexion qu'un homme prudent qui a l'intention de passer sa soirée joviablement, dans un établissement comme Argill-rooms ou l'Alhambra, d'offrir des verres de sherry-cotler aux dames et de tenir conversation avec elles, ne saurait avoir sur lui que deux ou trois guinées et et une poignée de shillings.

Mais deux cents livres!... pour être volé!... Allons donc!

M. Thomas Elgin faisait ce raisonnement plein de sagesse, et marchait d'un pas rapide en se disant:

—Que diable vont-ils dire, les autres, quand je leur apprendrai que l'abbé Samuel a payé? C'est bien extraordinaire, en vérité, bien extraordinaire!

Et il allongeait toujours le pas, et bientôt il entra dans Kilburn square.

Mais tout à coup il s'arrêta net et comme s'il eût reçu quelque choc violent sur la tête.

A travers le brouillard, les petits yeux de M. Thomas Elgin avaient fort nettement distingué une voiture devant sa porte.

—Oh! oh! dit-il, qu'est-ce que cela? Qui peut me venir voir à cette heure?

Et après s'être arrêté, il se mit à courir.

Le cabman dormait sur son siége.

La grille du jardin était fermée, on ne voyait pas de lumière.

-M. Thomas Elgin crut que le cabman s'était arrêté là par hasard, et ses terreurs s'évanouirent.

Il tira de sa poche une clef et pénétra dans le jardin.

Pendant ce temps, Bulton, Suzannah et l'enfant étaient dans la maison.

Nous les avons vus traverser le parloir, longer le corridor qui menait à la chambre de M. Thomas Elgin, et s'arrêter devant le guichet.

Alors Bulton dit au petit Irlandais:

—Si tu veux revoir ta mère, il faut faire ce que je vais te dire.

—Oui, dit l'enfant avec soumission.

Bulton le prit dans ses bras et l'éleva jusqu'au guichet:

—Essaye de passer ta main là, dit-il.

Non-seulement la main, mais encore le bras, passèrent.

—Retire ta main, dit alors Bulton.

L'enfant obéit encore.

Il ne savait pas ce qu'on attendait de lui, mais ne lui avait-on pas promis qu'il allait revoir sa mère?

Bulton avait, avec sa trousse de clefs, une paire de petits ciseaux repassés avec soin et qui devaient couper comme un rasoir.

—Prends cela, dit-il encore. Bien. Maintenant repasse ta main et cherche au long de la porte si tu ne trouve pas une corde.

L'enfant exécuta cette manoeuvre et dit tout à coup:

—Oui... j'ai une corde sous la main.

—Alors, dit Bulton, coupe-là.

Ralph obéit. Un petit bruit presque imperceptible, arriva aux oreilles de Bulton: c'était la corde coupée qui tombait à terre.

Alors il laissa l'enfant retirer son bras, puis il le mit à terre, et il dit à Suzannah:

—A présent nous n'avons plus peur du pistolet.

Et il chercha dans son trousseau de clefs celle qui devait ouvrir la porte.

—Et maman est là derrière? demanda l'enfant.

—Oui, certes, répondit Bulton.

La clef tourna dans la serrure, la porte s'ouvrit et Bulton la poussa.

Mais soudain une détonation épouvantable se fit entendre. C'était le tromblon qui venait de partir.

Deux cris de douleur retentirent, l'un poussé par l'enfant, qui tomba baigné dans son sang; l'autre par Suzannah, atteinte également à la tête et à la poitrine.

Par une sorte de miracle, Bulton n'avait pas été frappé.

En ce moment une clef tournait dans la serrure de la porte d'entrée.

C'était M. Thomas Elgin, qui accourait en jetant des cris, lui aussi.

Bulton ne s'occupait pas du petit Irlandais, qui se tordait dans une mare de sang. Il se pencha sur Suzannah et l'appela.

Suzannah ne lui répondit point.

—Au voleur! au voleur! criait au dehors la voix de Thomas Elgin.

Bulton prit Suzannah dans ses bras, la chargea sur son épaule et s'élança dans le corridor.

En route, il rencontra M. Thomas Elgin qui criait de plus belle et voulait lui barrer le passage.

—Place! place! dit-il.

—Ah! misérable! ah! bandit! exclama l'usurier qui le prit à la gorge et engagea avec lui une lutte dans l'obscurité.

—Place! répéta Bulton.

Et M. Thomas Elgin s'affaissa en poussant un gémissement sourd.

Le bandit l'avait frappé d'un coup de couteau dans le bas-ventre et il s'enfuyait, emportant sur ses épaules Suzannah évanouie, et laissant aux mains de ceux que la détonation du tromblon allait attirer le petit Irlandais, qu'une balle avait frappé à l'épaule gauche.

IX

La détonation avait éveillé le cabman qui était à la porte de la maison de M. Thomas Elgin.

Il ne s'écoula pas cinq minutes entre cette détonation et la sortie de Bulton, qui portait Suzannah dans ses bras.

Ce qui fit que le cabman, qui, n'avait pas vu M. Thomas Elgin rentrer chez lui, n'était pas encore revenu de sa surprise, lorsque Bulton reparut.

Il ne fit qu'un bon à travers le jardin, ouvrit la portière du cab et y jeta Suzannah, criant au cocher:

—Mari jaloux, homme blessé... file, file! il y a deux couronnes pour toi, si tu marches bien.

Le cabman ne demanda pas d'autre explication, il fit siffler son fouet et le cab partit.

Le flegme britannique n'est pas une exagération française.

L'effroyable détonation avait éveillé tout ce quartier paisible de petits rentiers et d'honnêtes commerçants de la cité, qui observaient, dès le samedi soir, le pieux isolement du dimanche.

Les fenêtres s'ouvrirent lentement, les portes plus lentement encore, deux ou trois policemen finirent par arriver; mais le cab qui emportait Bulton et Suzannah avait disparu depuis longtemps dans le brouillard.

Alléché par la promesse des deux couronnes, le cabman marchait un train d'enfer.

Bulton, au désespoir, appelait Suzannah et la couvrait de caresses.

Suzannah était évanouie, et Bulton épouvanté la crut morte.

—O malheur! malheur! murmurait-il. J'ai causé la mort du seul être que j'aimais en ce monde.

Le cab descendit vers Kinsington garden, gagna Hyde park, entra dans Oxford, tout cela en moins d'une demi-heure.

En homme intelligent, le cabman avait fait plusieurs tours dans les rues transversales, sûr de faire perdre sa trace, si par hasard il était poursuivi.

Quand il fut dans Oxford street, il se retourna et frappa au carreau.

Bulton baissa la glace.

—Où allons-nous? demanda le cabman.

—Dans Holborne, au coin du Brook street, répondit Bulton.

Le cab continua sa course rapide, et bientôt il arriva à l'endroit désigné.

Alors Bulton mit pied à terre, paya le cabman, reprit Suzannah dans ses bras, et l'emporta.

Le Brook street est désert entre neuf et dix heures du soir.

Les voleurs, y habitant, se sont répandus dans Londres pour aller chercher leur besogne ordinaire, et il n'y a guère, çà et là, au seuil des portes et des tavernes que des femmes et des enfants.

Cependant, comme il allait s'engouffrer dans l'allée noire de cette maison qu'il habitait avec Suzannah, Bulton, qui pleurait en portant son cher fardeau, sentit une main s'appuyer sur son épaule.

En même temps une voix d'homme lui dit:

—Qu'est-ce qui arrive donc à Suzannah? Est-ce qu'elle a bu trop de gin?

Le Brook street est une rue noire, la robe de Suzannah était de couleur brune et celui qui parlait n'avait pas vu le sang qui la couvrait.

Bulton reconnut cette voix, et il ne se retourna point.

—Craven, dit-il, viens avec moi, il est arrivé un grand malheur, mon Dieu!

—Quoi donc! fit Craven, ce même homme que Suzannah avait abordé la veille, dans Holborne en lui demandant s'il avait vu Bulton.

—Je crois qu'ils me l'ont tuée!

—Qui? Suzannah?

—Oui...

Et la voix de Bulton était pleine de sanglots.

Il monta précipitamment l'escalier, entra dans la chambre, dont il enfonça la porte d'un coup de pied et déposa Suzannah sur le lit.

En même temps, Craven tirait des allumettes de sa poche et se procurait de la lumière.

—J'ai été domestique chez un chirurgien, disait-il, je m'y connais...

Et tandis que Bulton s'arrachait les cheveux et appelait, en versant des larmes, la jeune femme, qui ne lui répondait pas, Craven la déshabillait et examinait sa blessure.

Suzannah avait été, frappée en deux endroits par les projectiles du tromblon, au-dessous du sein droit et au cou.

Cette dernière blessure, qui n'avait rien de dangereux, était celle qui saignait en abondance et avait déterminé l'évanouissement.

—Morte! elle est morte! disait Bulton en se tordant les mains.

—Elle est évanouie, répondit Craven qui se mit à ausculter les deux blessures avec une certaine expérience.

Elle n'est pas même blessée grièvement: vois, la balle a glissée sur une côte, ici; là, elle n'a fait que déchirer les chairs.

Alors ces deux hommes grossiers, voleurs et assassins à leurs heures, se mirent à déchirer leur propre linge pour panser Suzannah, et arrêter son sang qui coulait toujours.

Puis Craven descendit et se procura du vinaigre dans le public-house voisin, remonta et se mit à en frotter les tempes et les narines de Suzannah.

La jeune femme poussa un soupir, puis deux, et Bulton jeta un cri de joie.

Enfin elle rouvrit les yeux, aperçut Bulton et un sourire vint sur ses lèvres.

—Suzannah! ma bien-aimée! s'écria Bulton en se précipitant sur elle et la couvrant du baisers.

—Ah! tu es vivant, dit-elle.

Bulton pleurait.

—Je crois que je vais mourir, dit encore Suzannah.

—Non, non, fit Craven avec conviction. Ce n'est rien... ne t'effraye pas, ma petite Suzannah.

Tout à coup un souvenir traversa le cerveau de l'Irlandaise:

—Mon Dieu! dit-elle, et l'enfant?

—Mort, dit Bulton, mort ou blessé... je ne sais pas au juste, car je ne me suis occupé que de toi.

—Ah! malheureux! dit Suzannah, s'il est mort, son sang retombera sur ta tête.

Et elle se mit à fondre en larmes.

—J'aimerais mieux qu'il soit mort, dit Bulton d'un air sombre.

—Pourquoi? fit Craven qui ignorait ce qui s'était passé.

—Parce qu'il nous dénoncera, dit le bandit.

—Bulton, Bulton, dit Suzannah, vous avez beau dire, toi et Craven, je crois que je vais mourir... Laisse-moi... dis-moi adieu... et fuis... car on nous recherchera.

—Fuir! t'abandonner! s'écria le bandit, tu es folle, ma Suzannah!

—Avant de mourir, dit-elle encore, je voudrais voir mon frère.

—Ton frère?

—Oui, dit-elle, j'ai un frère... un pauvre diable qui est resté honnête et qui gagne péniblement sa vie. Ne me refuse pas, Bulton, je voudrais lui dire adieu.

—Mais où est-il ton frère?

—Il demeure dans Dudley street. Il est cordonnier de son état.

—Comment s'appelle-t-il? demanda Craven.

—John Colden.

—Et il est cordonnier?

—Oui.

—Au numéro 37 de Dudley street? dit Craven.

—Oui, c'est cela, dit Suzannah.

—Je le connais, dit Craven.

—Eh bien! va le chercher, dit Bulton qui continuait à s'abandonner au plus profond désespoir.

Et tandis que Craven s'en allait, Suzannah murmurait:

—Ah! Bulton, mon bien-aimé, pourquoi n'avons-nous pas rendu le pauvre petit à sa mère?

—La fatalité est contre nous! répondit Bulton d'un air sombre.

Et il s'agenouilla au chevet de Suzannah et tomba dans un silence farouche.

X

Craven s'en alla dans Dudley street.

Cette rue où se sont accomplis les premiers événements de ce récit, est la plus aristocratique, sans contredit, du misérable quartier Irlandais.

Craven s'en alla tout droit au numéro 37.

Chaque maison a un sous-sol, et la plupart du temps ce sous-sol est ouvert sur la rue.

On y descend par quatre ou cinq marches qui viennent aboutir au trottoir.

C'est dans ces sortes de caves que travaillent les cordonniers.

A dix heures du soir, leur journée n'est point finie, et Craven se croyait sûr de trouver John Colden dans l'atelier où il était ouvrier.

Il entra et jeta un coup d'oeil dans la cave.

Le maître cordonnier, qui était assis tout au fond, regarda Craven de travers et lui dit:

—Que veux-tu? cherches-tu quelqu'un?

—Je cherche John Colden.

—Il n'est plus ici, répondit doucement cet homme qui était Anglais et qui, bien que donnant du travail aux Irlandais, avait pour eux un profond mépris.

—Où est-il donc maintenant? demanda Craven.

—Est-ce ton ami?

—Non, mais j'ai une commission pour lui.

Les ouvriers, en entendant prononcer le nom de John Colden, s'étaient mis à parler bas entre eux, d'un air de mystère.

Le maître ouvrier se leva, vint à Craven et lui dit:

—Je ne te connais pas, mais je vois que tu es Anglais.

—Né dans le Borough, dit Craven.

—Les Anglais se doivent aide et protection, continua le maître ouvrier; par conséquent, je te dois donner un bon conseil.

Et il poussa Craven hors de la cave, lui fit remonter les marches et se trouva sur le trottoir avec lui.

—Mon garçon, reprit-il alors, si tu n'es pas ami avec John Colden, tu feras bien de ne pas le fréquenter.

—Pourquoi donc ça?

—Parce qu'il a mal tourné.

—Plaît-il?

—Il est dans les fenians maintenant, comme tous ces misérables Irlandais qui ont juré la perte et la ruine de la trop libre Angleterre.

—Ah! il est fenian?

—Je le crois.

—Cela m'est bien égal, dit Craven. J'ai une commission pour lui; quand je l'aurai faite, je lui tournerai le dos, et si les policemen ont besoin de moi pour l'arrêter, je leur donnerai volontiers un coup de main.

—Voilà qui est parler en bon Anglais, aussi vrai que je m'appelle Colcrane, dit le maître cordonnier.

—Mais cela n'empêche pas que j'aurai absolument besoin de le voir.

Colcrane repondit:

—Quand j'ai vu qu'il était dans le fenianisme, je l'ai chassé de l'atelier. Je veux bien faire travailler les Irlandais, parce qu'ils sont bons ouvriers et qu'on les paye moins que les autres, mais à la condition qu'ils ne conspireront pas contre la libre Angleterre.

—En sorte que vous ne savez pas dans quel atelier il travaille maintenant?

—Il ne travaille plus.

—Ni où je pourrais le rencontrer?

—Je crois bien qu'il va dans le public-house d'en face.

—Ah!

—Tous les soirs entre dix et onze heures, et qu'il y a des rendez-vous avec un tas de misérables comme lui: que l'Angleterre les confonde!

—Merci, dit Craven.

Il donna une poignée de main au maître ouvrier, et se dirigea vers le public-house, se disant:

—Je ne suis pas si bon Anglais que maître Colcrane, moi, et je ne suis pas du tout faché qu'il y ait des fenians, attendu que depuis qu'on s'occupe d'eux, la police s'occupe beaucoup moins des voleurs et que nous vivons tranquilles.

Il entra dans le public-house.

Il y avait peu de monde et du premier coup d'oeil, Craven constata que John Colden ne s'y trouvait pas.

Cependant il demanda un verre de gin et de bitter mélangé, et il s'apprêtait à demander à Marie-Ann, la jolie fille du public-house, si elle ne connaissait pas l'Irlandais, lorsqu'un homme tout de noir vêtu, qui buvait seul dans le box des gentlemen, frappa son attention.

—Hé! par saint Georges! murmura-t-il, je crois que je connais ça.

Et il passa dans le box des gentlemen.

L'homme vêtu de noir, cravaté de blanc, grave et digne comme un solicitor, buvait à petites gorgées un verre de gin.

—Ma parole! dit Craven, c'est bien lui. Il a un habit neuf... et des bottes... et une chemise... et des bords à son chapeau... Tu as donc fait fortune, camarade?

Et il lui frappa sur l'épaule.

L'homme se retourna et fit la grimace.

—C'est pourtant bien à mossieu Shoking que j'ai l'honneur de parler? dit Craven.

—Oui, dit Shoking, car c'était lui.

Et il parut visiblement contrarié de la reconnaissance.

—L'ami du Hak-Horse?

—Certainement, certainement, dit Shoking embarrassé.

—Nous sommes donc riche, que nous passons maintenant dans le box des gentlemen?

Shoking jeta sur ses beaux habits un coup d'oeil orgueilleux.

—Heu! heu! fit-il nonchalamment, on est à son aise, pour le moins.

—Ce qui ne paraît pas te rendre plus gai, mon camarade, dit encore Craven; car tu as les yeux rouges et la mine d'un homme qu'on va pendre.

Ces mots réveillèrent sans doute dans l'âme de Shoking des douleurs qu'il était en train de calmer, car il poussa un profond soupir.

—Nous avons donc des peines de coeur? dit Craven.

Shoking ne répondit pas.

Seulement il jeta un regard anxieux sur la pendule qui était accrochée au mur, dans le fond du public-house.

—Tu attends quelqu'un?

—Oui.

—Moi de même, dit Craven, j'attends un certain John Colden.

—Plaît-il? fit Shoking.

—John Colden, répéta Craven.

—C'est lui que j'attends, moi aussi, dit Shoking.

Craven n'eut pas le temps de le questionner, car la porte du box s'ouvrit et John Colden entra.

Ce John Colden n'était autre que l'Irlandais en guenilles qui s'était attaché au service de l'homme gris, aussitôt que celui-ci eut fait le signe mystérieux.

D'abord cet homme ne fit pas attention à Craven.

Il aborda vivement Shoking.

—Eh bien? dit celui-ci.

—Nous sommes sur la trace.

—Ah! dit Shoking dont le visage s'éclaira.

—L'enfant, poursuivit John Colden, a été aperçu dans *Gloucester place*, assis sous une porte et pleurant.

—Ah! fit Shoking.

—Une femme l'a pris par la main et l'a emmené.

Craven intervint en ce moment:

—Vous cherchez un enfant? dit-il.

John Colden reconnut Craven.

—Tiens, dit-il, c'est toi?

—Oui, et je te cherche. Mais quel est l'enfant dont vous parlez?

—Un petit Irlandais perdu.

—Quel âge?

—Environ dix ans, dit Shoking, blond et joli comme un amour.

—Eh bien! dit Craven, je puis vous en donner des nouvelles.

—Toi?

—Vous dites qu'il pleurait?

—Oui.

—Eh bien! dit Craven, cette femme, tu la connais aussi bien que moi, John Colden, et c'est elle qui m'envoie vers toi,—c'est ta soeur Suzannah.

—Ah! dit John Colden, Dieu protège l'Irlande!

—Et nous allons retrouver l'enfant, ajouta joyeusement Shoking, qui ne s'aperçut pas que Craven secouait tristement la tête!

XI

Craven se disait, en sortant du public-house, tandis que Shoking et John Colden le suivaient:

—Je me suis chargé de venir chercher le frère de Suzannah et non point de leur expliquer à tous deux ce qui est arrivé. J'ai même eu tort de leur parler de l'enfant.

Ils s'arrangeront entre eux, ça ne me regarde pas!

Comme ils marchaient tous trois d'un pas rapide, ils arrivèrent dans le Brook street en moins d'un quart d'heure.

En route, Shoking s'était adressé un petit monologue dont voici la substance:

—Jenny s'était sauvée parce qu'elle n'avait pas confiance en moi, et de fait elle avait bien un peu raison, puisque j'étais en partie la cause de son entrée chez mistress Fanoche.

Mais, tout à l'heure, je vais lui ramener son enfant, et elle me sautera au cou.

Sans compter que l'homme pris, qui m'a traité d'imbécile pas plus tard qu'hier, me rendra toute sa confiance.

—Qu'est-ce qu'elle me veut donc, ma soeur Suzannah? demandait John Colden, tandis qu'ils entraient dans le Brook street.

—Ma foi! tant pis, pensa Craven, autant le lui dire tout de suite.

Et prenant le bras de l'Irlandais:

—Est-ce que tu la vois souvent, ta soeur? dit-il.

—Jamais. Elle a mal tourné, je ne suis qu'un pauvre cordonnier, mais le fils de mon père ne mange pas du pain mal gagné. Depuis que Suzannah porte des robes de soie, elle n'est plus ma soeur, et si j'ai consenti à te suivre, c'est que tu m'as dit qu'elle avait trouvé un enfant, et que je crois que c'est celui que nous cherchons.

—Écoute, dit Craven en baissant la voix, tu sais peut-être que ta soeur vit avec un homme nommé Bulton?

—Un voleur! fit l'Irlandais avec mépris.

—Soit, dit Craven.

—Eh bien?

—Eh bien, il est arrivé un malheur.

John Colden tressaillit.

—Elle et Bulton ont voulu faire un coup, je ne sais pas lequel, et le coup a raté.

—Alors...

—Suzannah est blessée...

—Blessée! s'écria John Colden qui oublia en ce moment les torts et la honteuse vie de Suzannah pour ne se souvenir que d'une chose, c'est qu'elle était sa soeur.

Et il se mit à gravir en courant l'escalier tortueux et sombre dans lequel Craven le précédait.

Shoking, plein d'espoir, montait derrière eux et se répétait:

—Enfin! je vais donc avoir l'enfant!

John Colden, en entrant dans la chambre, se précipita vers le lit sur lequel Suzannah était couchée.

Elle était pâle et la courtine du lit était couverte de sang.

L'Irlandaise jeta un cri.

—Je crois bien que je vais mourir, dit Suzannah.

—Mais non, ma chère, lui dit Craven, je t'assure que tes blessures ne sont pas mortelles.

Quant à Shoking, il s'était arrêté sur le seuil, et jetait un regard éperdu autour de lui.

—Où est l'enfant? s'écria-t-il enfin.

Bulton se retourna, jeta vers cet homme un sombre regard, et dit:

—Qu'est-ce qu'il veut, celui-là?

—Ce que je veux? répondit Shoking, je veux l'enfant.

—Quel enfant? ricana Bulton.

—L'enfant que cette femme a trouvé.

—Tu ne l'auras pas, dit Bulton.

Shoking serra les poings.

—Oh! par exemple! dit-il.

—Il est mort! ajouta Bulton.

L'Irlandaise et Shoking poussèrent un rugissement de douleur.

En même temps John Colden saisit le bras de sa soeur et lui dit brusquement:

—Je ne sais pas si tu vas mourir, mais, s'il en est ainsi, et si veux que Dieu te pardonne, dis-nous où est l'enfant.

Suzannah eut un gémissement sourd.

—Ah! dit-elle, c'est Bulton qui l'a perdu.

—Perdu! perdu encore! exclama Shoking, qui se méprit au sens de ses paroles.

Suzannah prit la main de son frère et lui dit:

—Tu le connais donc?

—Il s'appelait Ralph, n'est-ce pas, celui que tu as trouvé?

—Oui.

—Qu'est-il devenu?

Et l'Irlandais eut un accent menaçant.

—Peut-être est-il mort, peut-être n'est-il que blessé comme moi.

Et Suzannah eut alors le courage de faire à ces deux hommes sa confession tout entière, et Bulton, l'emporté et le farouche, n'osa l'interrompre.

Or, lorsqu'elle eût fini, elle vit une grosse larme rouler sur la joue de John Colden.

—Misérable! dit-il, savez-vous ce que vous avez fait? C'est l'Irlande tout entière que vous avez frappée dans cet enfant.

—L'Irlande! s'écria Suzannah.

—Oui, malheureuse!... et il faut que tu nous dises, avant de mourir, où vous l'avez laissé... peut-être n'est-il que blessé... peut-être...

—Dans Kilburn square, et dans la maison de Thomas Elgin, dit Suzannah.

—Mais tu veux donc m'envoyer à Newgate? dit Bulton avec un accent de fureur subite.

L'Irlandais John Colden était aussi grand et aussi fort que Bulton.

Il se dressa menaçant devant lui:

—Prends garde! dit-il, si l'enfant est mort, tu n'auras pas la peine d'aller à Newgate, c'est moi qui te tuerai!

—John! Bulton! au nom du nom du ciel! fit Suzannah mourante et croyant son frère et celui qu'elle aimait prêts à se ruer l'un sur l'autre.

Mais soudain, Craven, qui était descendu un moment, remonta tout bouleversé en disant:

—La police!

—Tonnerre et sang! s'écria Bulton.

—Il y a une dizaine de policemen dans la rue, dit Craven. Ils viennent sans doute t'arrêter. Sauve-toi, Bulton.

—Mille tonnerres! hurla Bulton, l'enfant n'est pas mort, et il aura parlé.

—L'enfant n'est pas mort! s'écria Shoking avec un élan de joie. Oh! si tu pouvais dire vrai... je crois que je te pardonnerais, bandit!

Mais Bulton ne l'entendit pas.

Il s'était élancé hors de la chambre et, au lieu de descendre l'escalier, il avait grimpé tout en haut de la maison, sachant qu'en cet endroit, il y avait une ouverture qui donnait sur les toits.

Tandis que Bulton se sauvait, la police envahissait la maison d'abord et ensuite le logement du Suzannah.

A sa tête était un constable.

Celui-ci dit en entrant:

—Nous cherchons un homme appelé Bulton.

—L'oiseau s'est envolé, dit Craven.

—Et une fille appelée Suzannah.

—C'est moi, dit l'Irlandaise d'une voix éteinte.

On connaissait Craven pour un voleur de profession; mais la police anglaise ne prend les gens que lorsqu'ils sont arrêtés en flagrant délit.

On n'avait rien à reprocher à Craven, ce jour-là; du reste, il n'y avait pas huit jours qu'il était sorti de la prison de *Cold Bath-fields*.

Le constable l'entendit donc à titre de simple témoin.

Craven affirma que Shoking était venu avec John Colden pour réclamer un enfant, et le constable répondit que cet enfant, en effet, n'avait été que légèrement blessé et qu'il était bien vivant.

—Ah! monsieur, dit Suzannah en joignant les mains, Bulton et moi nous sommes coupables, mais l'enfant est innocent.

Le constable haussa les épaules.

—Innocent, fit-il, cela vous plaît à dire, mais je puis vous répondre, ma chère, qu'il ira au *moulin* attendre sa vingtième année.

Shoking et John Colden frissonnèrent à ce terrible mot:

Le moulin.

C'est-à-dire le supplice le plus épouvantable qu'ait pu enfanter l'imagination en délire des justiciers. Une torture sans nom que la libre et philantropique Angleterre applique à ceux qui ont voulu s'approprier le bien d'autrui!

Et Shoking, à qui le constable déclarait qu'il était libre de se retirer, Shoking se mit à fondre en larmes, en murmurant:

—Pauvre petit! L'homme gris le laissera-t-il donc aller au moulin?

XII

Que s'était-il passé chez M. Thomas Elgin après la fuite de Bulton, qui emportait Suzannah évanouie?

C'est ce que nous allons raconter en peu de mots.

La détonation du tromblon avait mis en rumeur ce paisible quartier de Kilburn square, dans lequel il n'y avait ni un public-house ni un magasin, et dont chaque petite maison était habitée par un négociant qui avait ses bureaux dans la Cité.

A Londres, le samedi soir prélude dignement à cette journée mortellement ennuyeuse qu'on appelle le dimanche.

Les bonnes et les cuisinières ont fait toutes leurs provisions. Les maîtres s'enferment après souper et lisent la Bible. Les pianos eux-mêmes sont muets, et Dieu sait si les pianos sont nombreux chez ce peuple antimélomane qu'on appelle le peuple anglais!

Le coup de feu avait donc produit dans Kilburn square l'effet d'un tremblement de terre.

Le plus proche voisin de M. Thomas Elgin était un vieux libraire qui lisait dévotement sa Bible auprès du poêle.

La Bible lui échappa des mains et il appela ses servantes.

Les servantes, toutes tremblantes, n'osaient sortir.

—C'est une explosion de gaz! dit l'une.

—Non, répondit l'autre, c'est un coup de canon.

Le vieux libraire ramassa sa Bible et la posa sur la cheminée, mit sa calotte de soie et sortit.

Les autres voisins en firent autant, un à un.

Au bout d'un quart d'heure,—Bulton était déjà loin,—il y avait une douzaine de personnes assemblées devant la grille de M. Thomas Elgin.

Cette grille était ouverte; la porte de la maison l'était pareillement, et de cette maison sortaient des cris de douleur.

Cependant, personne n'osait entrer.

Enfin deux policemen, qui se trouvaient à l'autre extrémité du square, accoururent.

Et comme les policemen entrèrent, la foule pénétra sur leurs pas dans la maison.

On apporta des lumières et on trouva M. Thomas Elgin se roulant sur le sol rougi de sang du vestibule et appelant au secours.

Le coup de couteau de Bulton avait glissé sur les côtes. La blessure, quoique saignant en abondance, n'avait rien de dangereux.

Un médecin qui logeait dans le square et qui était accouru un des premiers, le constata.

—Ah! les bandits! ah! les misérables! vociférait M. Elgin, ils ont voulu me voler!

On le porta sur un lit, puis tandis que le médecin lui donnait des soins, les policemen firent une perquisition dans la maison et ne tardèrent pas à trouver le petit Irlandais évanoui dans le couloir, au milieu d'une mare de sang.

On apporta l'enfant dans la pièce où était déjà M. Thomas Elgin.

Celui-ci s'écria:

—C'est un des voleurs!

La foule accueillit d'un cri de doute cette accusation.

L'enfant, couvert de sang, avait, une figure si angélique et si douce.

D'un autre côté, il était assez difficile d'expliquer sa présence dans cette maison... M. Thomas Elgin avait toujours vécu seul.

Le médecin le déshabilla et constata pareillement que la blessure n'était pas mortelle.

La bourre s'était logée à fleur de chair, sans intéresser ni un os ni un muscle.

On fit revenir l'enfant à lui.

Il promena sur les assistants un long regard étonné et se mit à pleurer.

—Petit brigand, nomme tes complices! disait Thomas Elgin, qui s'était mis sur son séant.

L'enfant pleurait et ne répondait pas.

L'usurier eut le courage de se relever et, tout sanglant, tout affaibli qu'il était, il se traîna dans le corridor en disant:—Je vais vous prouver qu'il était avec les voleurs!

Et, en effet, il montra le guichet percé dans la porte, il démontra le système infernal de tromblon, il montra la corde coupée du pistolet qui n'était pas parti.

Et Ralph, épouvanté de tout ce monde, cherchant en vain autour de lui une figure amie, avoua que, en effet, il avait passé la main par le guichet et coupé la corde sur l'ordre de Bulton.

Bulton!

Il se souvenait du nom du bandit.

Il parla de sa mère, il prononça le nom de Suzannah.

Ces deux noms furent un trait de lumière pour les policemen.

Ils conduisirent l'enfant à demi mort de peur et souffrant horriblement de sa blessure, à la station de police voisine.

M. Thomas Elgin, affolé de colère et de vengeance, s'y traîna derrière eux et plusieurs personnes le suivirent.

La station de police était dans Oyware road, tout auprès du chemin de fer.

Le magistrat qui y siégeait était un gros homme rougeaud, ventru, emporté et brutal.

—Qu'est-ce que ce gibier de potence que vous m'amenez là? demanda-t-il en regardant l'enfant d'un air terrible.

Ralph joignit les mains, il se mit à genoux, prouva qu'il n'était pas un voleur.

Le magistrat lui fit répéter sa déposition; un greffier écrivit.

Ralph prononça de nouveau le nom de Suzannah et celui de Bulton.

Il parla du sa mère qu'il cherchait, de la dame qui l'avait retenu prisonnier et qui le battait; il raconta sa lamentable histoire avec une lucidité remarquable.

Le magistrat l'écouta en haussant les épaules.

Quant à M. Thomas Elgin, il vociférait de plus belle en disant que tout cela était un conte, et que les voleurs étaient d'une précocité d'intelligence merveilleuse.

Le magistrat, qui se nommait M. Booth, tira sa montre et dit:

—Il est près de dix heures du soir. Demain dimanche, jour de repos, je n'instruirai pas. Conduisez-moi cet enfant en prison, vous me l'amènerez à mon audience de lundi matin.

Ralph eut beau prier et supplier, les policemen le prirent par le bras, le poussèrent rudement devant eux jusqu'à la petite porte qui se trouvait au fond du prétoire.

Cette porte donnait sur un escalier, au bas duquel se trouvait le cachot dans lequel on enferme les prévenus jusqu'à plus ample informé.

—Mais, monsieur, dit le médecin qui avait accompagné Ralph, cet enfant est blessé, et il a besoin de soins.

—Bah! bah! répondit le magistrat, il sera toujours guéri trop tôt pour aller au moulin.

Et il ne voulut rien entendre.

En même temps, il consultait une note qui lui avait été transmise de Scotlan-Yard, qui est la métropole de police.

Cette note disait que la veille un policeman avait été assassiné, et qu'on soupçonnait, comme l'auteur de ce meurtre, un nommé Bulton, homme mal famé et voleur de profession, qui vivait dans Broock street.

Le magistrat ajouta en marge de cette note la déclaration de l'enfant, et chargea un des policemen de la porter à Scotland-Yard.

Ce qui explique comment, moins d'une heure après, la police se transportait dans le Broock street et envahissait la maison de Bulton.

Quant au malheureux petit Irlandais, on l'avait jeté sur la paille du cabanon infect de la station de police, sans se soucier autrement de cette blessure par laquelle il continuait à perdre son sang.

XIII

Le lendemain matin, comme huit heures sonnaient, la foule était compacte en la pauvre église, Saint-Gilles.

Les fidèles étaient pauvrement vêtus, pour la plupart, et quelques-uns étaient nu-pieds.

Femmes, enfants, hommes et vieillards agenouillés sur les dalles froides, avaient les yeux tournés vers le maître autel dont l'officiant n'avait pas encore monté les degrés.

En dépit de la sainte majesté du lieu, il y avait de sourds frémissements et de vagues murmures parmi cette foule.

Anxieuse, elle semblait attendre quelque grand événement.

C'est qu'un bruit s'était répandu depuis trois jours dans le quartier irlandais, un bruit qui avait mis l'inquiétude et fait naître le doute dans tous les coeurs.

On avait dit que ce jeune prêtre au front mystérieux, et qui semblait porter en lui les destinées futures de la pauvre Irlande, avait été arrêté et jeté en prison.

Tout à coup un frémissement parcourut l'église, tous les fronts se courbèrent, tous les coeurs battirent.

La porte de la sacristie venait de s'ouvrir.

Le bedeau marchait le premier, faisant retentir les dalles de sa longue canne.

Puis venaient les enfants de choeur vêtus de rouge.

Enfin apparut le prêtre officiant revêtu de ses habits sacerdotaux.

Et le frémissement redoubla, et tous les coeurs battirent de joie.

Les fidèles avaient reconnu l'abbé Samuel.

Le jeune prêtre monta à l'autel, célébra le service divin au milieu d'un pieux recueillement; puis, quand il eut dit l'Évangile, il se dépouilla de son étole et monta en chaire.

On eût entendu, sous les voûtes du temple, le vol d'une hirondelle.

—Mes frères, dit alors le jeune prêtre, c'était, il y a quatre jours, le 26 octobre.

A cette heure même, ce jour-là, je devais célébrer la messe, et des frères que nous attendons de pays lointains, qui ne se connaissent pas entre eux, mais qui ont au coeur le même amour de Dieu et de la patrie absente, ces frères, dis-je, devaient se trouver réunis ici.

Sont-ils venus? Je l'ignore.

S'ils sont parmi vous, je les adjure de se présenter, à l'issue de la messe, à la sacristie.

Et l'abbé Samuel ayant fait cet appel mystérieux, commença son sermon.

Il parla du peuple de Dieu réduit en esclavage et qu'un enfant exposé sur les eaux dans un berceau d'osier avait rendu à la liberté.

Il raconta ce long voyage d'Israël à travers le désert, disant que ceux-là seuls qui avaient toujours eu confiance eu Dieu et dont la foi n'avait point été ébranlée avaient vu enfin la terre promise.

Et les fidèles écoutaient cette parole inspirée, et ceux qui songeaient à l'Irlande comprenaient que l'histoire du passé était comme une révélation de l'avenir et que le Moïse de ce nouveau peuple de Dieu venait de naître.

Au pied de la chaire, courbée et sanglotante, il y avait une femme jeune et belle, vêtue de noir, qui écoutait la grave parole du prêtre et attirait tous les regards par sa douloureuse attitude.

C'était, on le devine, la pauvre Irlandaise, la mère de ce malheureux enfant dont nous racontions naguère les poignantes aventures.

Auprès d'elle, il y avait un autre homme que l'on voyait à Saint-Gilles pour la première fois.

Il était vêtu comme tous les autres; rien, en lui, ne trahissait une condition différente, et cependant tous les regards qui rencontraient le sien se baissèrent, et ceux qui le virent devinèrent en lui, sur-le-champ, un des chefs mystérieux à qui l'Irlande obéissait.

Quand le sermon fut fini, lorsque le prêtre fut remonté à l'autel, cet homme traversa la foule, qui s'ouvrit respectueusement devant lui.

Il conduisait l'Irlandaise par la main et il la mena au seuil du sanctuaire, où elle s'agenouilla de nouveau et continua à pleurer.

Quelle était cette femme?

Nul ne le savait.

Mais au moment de la communion, on vit l'abbé Samuel descendre du tabernacle, tenant dans ses mains l'ostensoir et s'approcher de cette femme.

Alors elle cessa de pleurer, communia, demeura un moment courbée et recueillie au bord de la sainte table; puis, se levant, elle reprit la main de son guide inconnu et retourna s'agenouiller au bas de l'église.

Quand l'office fut fini, l'abbé Samuel se retourna et dit:

—Mes frères, avant de nous séparer, prions Dieu pour ceux qui vont mourir.

Et il récita les prières des agonisants.

Qui donc allait mourir?

L'abbé Samuel ne le dit point.

Seulement, quand la foule commença à sortir de l'église, on vit deux hommes se diriger vers le choeur de deux points opposés.

Ces deux hommes s'inclinèrent ensemble devant l'autel, et entrèrent ensuite dans la sacristie.

Sur quatre, deux seulement avaient entendu l'appel mystérieux, et les deux autres manquaient au rendez-vous.

L'église se vida peu à peu; puis les portes se fermèrent.

Alors, l'homme gris, car on a deviné que c'était lui, reprit la main de l'Irlandaise et la conduisit à la sacristie, laquelle, dès lors, ne renferma plus que cinq personnes: les deux hommes qui y étaient entrés ensemble, l'Irlandaise et son guide, et l'abbé Samuel, demeuré couvert de son surplis.

Celui-ci regarda l'homme gris et dit avec tristesse:

—Il n'y en a que deux.

—Nous retrouverons les deux autres.

Alors l'abbé Samuel s'adressa au premier des deux hommes et lui dit:

—D'où venez-vous?

—Du comté de Galles, répondit-il.

—Et vous? demanda-t-il à l'autre.

—D'Ecosse.

—De combien d'hommes disposez-vous? demanda encore le prêtre.

—De vingt mille, dit le premier.

—De trente mille, dit le second.

Le prêtre regarda l'homme gris.

Celui-ci baissa la tête et dit:

—Ce n'est point encore assez, les temps ne sont pas venus.

—Ils viendront, dit le représentant du comté de Galles, avec un accent de robuste confiance.

L'autre regarda le prêtre:

—Où est l'enfant que nous attendons? dit-il.

L'abbé Samuel posa sa main sur l'épaule de Jenny l'Irlandaise:

—Voilà sa mère, dit-il.

Cet homme pâlit.

—Puisqu'elle pleure, dit-il, c'est donc qu'il est arrivé malheur à l'enfant?

—Oui, dit le prêtre, il est aux mains de nos persécuteurs.

—Mais nous le leur arracherons, dit l'homme gris.

Les deux nouveaux venus tressaillirent sous ce regard.

—Qui donc êtes-vous? fit l'un d'eux.
—Comme vous, répondit-il, je suis chef dans la grande cause que nous servons.
—Votre nom?
—Je n'en ai pas.
Et comme, à cette étrange réponse, ils se regardaient étonnés, l'homme gris poursuivit:
—Je représente un homme qui est mort pour l'Irlande. J'ai reçu ses instructions et son dernier soupir, car j'étais au pied de son échafaud.
—Et... cet homme?
—Il s'appelait Falten, dit l'homme gris.
Les deux hommes s'inclinèrent.
Alors l'homme gris se tourna vers l'abbé Samuel et lui dit:
—Mon frère, vous avez bien fait de recommander à nos frères de prier pour ceux qui mourront, car il y aura du sang versé...
Ils tressaillirent tous et la pauvre Irlandaise leva vers le ciel ses yeux pleins de larmes.
—Ne faut-il pas arracher à nos ennemis le Moïse que l'Irlande attend? dit l'homme gris.
—Le sang des martyrs est fécond, répondit gravement le prêtre, et il régénérera le monde.

XIV

L'homme gris laissa l'Irlandaise à la garde du prêtre et des deux-chefs mystérieux, et il sortit de l'église.

Shoking, le bon et naïf Shoking, l'attendait à la porte.

C'était par Shoking que l'homme gris avait su tout ce qui s'était passé la veille.

Shoking était Anglais et non Irlandais; Shoking n'était pas catholique.

Plein de respect pour ce culte qui n'était pas le sien, Shoking était demeuré à la porte du temple, et il avait attendu que l'homme gris sortît.

Huit jours auparavant, la cause de l'Irlande était plus qu'indifférente au mendiant; à présent qu'il avait connu Jenny, l'abbé Samuel, cherché l'enfant, qu'il s'était dévoué à ce personnage mystérieux qui cachait avec tant de soin son nom sous la dénomination bizarre de l'homme gris, Shoking était prêt à verser pour l'Irlande la dernière goutte de son sang.

L'homme gris alla droit à lui.

—As-tu suivi mes instructions? dit-il.

—Oui, Seigneurie.

Shoking, reconnaissant la supériorité de l'homme gris, avait absolument voulu consacrer cette supériorité par un titre.

—Eh bien?

—Bulton est arrêté. Je viens du Brook street.

—Comment cela?

—La nuit dernière, comme je vous l'ai dit, il s'est sauvé par les toits au moment où la police arrivait.

—Bon!

—Mais comme la rue était pleine de policemen, il n'a pas osé descendre et il est demeuré jusqu'au jour caché derrière un tuyau de cheminée.

—Et quand le jour est venu?...

—Il y avait toujours des policemen dans la rue. Une fenêtre s'est ouverte auprès du tuyau de cheminée.

—Ah!

—Et par cette fenêtre lui est apparue la tête d'un voleur bien connu qui sort de *Cold Bath-fields*, qu'on appelle Jak.

—Jak, dit l'*Oiseau Bleu*, n'est-ce pas?

—C'est cela même, Seigneurie.

—Eh bien?

—Jak a dit à Bulton: «Viens vite! J'ai trouvé le moyen de te faire filer.»

Bulton a quitté sa cheminée, et il est entré dans la maison par la croisée à tabatière.

Mais comme il descendait l'escalier, conduit par Jak, plusieurs portes se sont ouvertes, et les policemen cachés dans la maison se sont montrés tout à coup et, se ruant sur lui, l'ont terrassé.

—Jak l'a donc trahi?

—Oui, Seigneurie.

—Mais pourquoi?

—D'abord, Seigneurie, reprit Shoking, le *metropolitan chief of justice* a promis une prime de cent guinées à qui le livrerait.

—Ah! le misérable!

—Et puis, il paraît que pendant une nuit, tandis que Bulton était sur les toits, le tribunal des voleurs s'est assemblé dans une cave et l'a jugé.

—En vérité!

—Jugé et condamné.

—Quel crime avait-il donc commis?

—Dans un vol récent accompli avec d'autres, il a détourné à son profit une somme plus forte, de telle façon qu'il a volé les camarades; alors le tribunal a décidé qu'au lieu de le sauver, on le laisserait prendre. C'est pour cela que l'Oiseau Bleu l'a trahi.

—Et quand il s'est vu entouré, Bulton ne s'est donc pas défendu?

—Il s'est servi de son couteau et a blessé deux policemen, ce qui fait que son compte est bon, et qu'on l'a mené tout droite à Newgate, où il sera pendu dans dix ou douze jours.

—Et Suzannah?

—Suzannah est hors d'état d'être transportée, elle a perdu beaucoup de sang.

—Mourra-t-elle?

—Non, le médecin des pauvres jure qu'elle sera rétablie avant un mois.

La police a décidé qu'on la laisserait dans sa chambre surveillée par une escouade de policemen, jusqu'à son rétablissement.

—Alors, on la conduira en prison?

—Oui, si les voleurs le veulent...

—Plaît-il?

—C'est Craven qui m'a donné tous ces détails, poursuivit Shoking. Les voleurs qui ont jugé et condamné Bulton doivent s'assembler de nouveau la nuit prochaine et statuer sur le sort de Suzannah.

—Et comme elle vivait avec Bulton, ils l'abandonneront...

—Ce n'est pas l'avis de tous. Beaucoup disent, qu'à leur point de vue, Suzannah n'est point coupable.

—Et si cette opinion prévaut?

—On la sauvera.

—Malgré la police?

—La police ne fait dans le Brook street que ce que les voleurs veulent bien.

Un sourire vint aux lèvres de l'homme gris; son visage s'éclaira un moment, comme si un lointain souvenir eût traversé son cerveau:

—Singulier peuple que ce peuple anglais! murmura-t-il.

Puis il ajouta:

—Et John Colden?

—Je ne l'ai pas revu, mais il doit être en surveillance auprès de la station de police de Kilburn square, où est le pauvre petit.

—Écoute-moi bien, dit alors l'homme gris.

—Parlez, Seigneurie.

—Peut-être ne me reverras-tu par aujourd'hui, mais ne t'en inquiète pas. Attends ici que l'abbé sorte avec l'Irlandaise. Elle est plus calme, maintenant qu'elle sait où est son enfant?

Nous lui avons caché qu'il était blessé, et elle a foi en nos promesses.

—Ces promesses se réaliseront-elles, hélas! fit Shoking d'un ton anxieux.

L'homme gris haussa les épaules.

—Tu es naïf, dit-il. Comment! tu veux que nous laissions l'enfant tourner le moulin?

—De, quelle façon l'en empêcher?

L'homme gris sourit et ne répondit pas.

—J'ai bien une idée, moi, dit Shoking.

—Laquelle?

—On pourrait, se réunir au nombre de quarante ou cinquante...

—Et puis?

—Aller, cette nuit, entourer la station de police et la prendre d'assaut.

—Il n'y a qu'un malheur à cela, dit l'homme gris. A cent pas de la station, il y a une caserne d'infanterie, et nous nous ferions tuer inutilement.

Shoking baissa la tête.
—Ce sera bien autre chose quand l'enfant sera au moulin, dit-il.
—Bah! dit l'homme gris, je m'en charge.
Et il tendit la main à Shoking, ajoutant:
—Surtout veille bien sur l'Irlandaise.
—Oui, Seigneurie, répondit Shoking, qui demeura en faction à la porte de l'église.
L'homme gris s'en alla.
Il remonta à pied vers Folio-square.
Il y avait là des cabs sur la place.
L'homme gris en prit un.
—Où allons-nous? demanda le cabman.
—Dans Pall-Mall, répondit l'homme gris.

Et, en montant en voiture, il murmura:

—Voici pourtant quatre jours pleins qu'on ne m'a pas vu chez moi: que va dire mistress Clara, ma digne propriétaire?

Une demi-heure après, le cab s'arrêtait dans Pall-Mall, la rue aristocratique par excellence, et cela devant une de ces jolies maisons en carton pierre qui sont le dernier mot du haut goût de l'architecture anglaise.

Et comme il était piètrement vêtu de son habit gris, le cabman à qui il mit une demi-couronne dans la main, se dit en s'en allant:

—Que peut donc aller faire ce rough dans ce palais de lord?

L'homme gris tira une clef de sa poche et entra.

XV

L'homme gris pénétra dans la maison et la porte se referma sur lui.

Une heure s'écoula.

Les passans sont rares dans Pall-Mall.

A Londres, rien n'est désert, en hiver surtout, comme une rue aristocratique.

Cependant, au bout d'une heure, un homme qui était assis au seuil d'une maison voisine, était encore dans la même position.

Cette maison était celle d'un libraire.

Ce libraire, en bon chrétien qu'il était, avait fermé sa boutique, mais il avait laissé ouverte une petite porte dans la devanture, placée auprès d'une chaise sur laquelle il s'était assis, et il s'était mis à lire la Bible.

Le dévot libraire n'était pourtant pas détaché des choses de ce monde au point de se réfugier complètement dans sa lecture.

Il était quelque peu curieux.

Un passant lui donnait des distractions, une voiture qui roulait, une porte voisine qui s'ouvrait, lui faisaient lever le nez.

Quand le cab qui amenait l'homme gris s'était arrêté, le libraire avait posé sa Bible sur son genou et regardé ce dernier.

Comme le cabman, il avait fait cette réflexion que c'était un rough, bien certainement, c'est-à-dire un homme de la lie du peuple, que cet homme qui entrait ainsi dans cette somptueuse demeure.

Cette maison avait, du reste, deux portes, une petite et une grande: une réservée aux piétons, une autre qui s'ouvrait dans le milieu pour livrer passage aux voitures et aux chevaux.

Au bout d'une heure donc, cette dernière s'ouvrit à son tour, sous l'effort de deux valets en livrée rouge et argent, portant culotte courte, bas de soie et perruque poudrée.

Ce fut un nouveau prétexte pour le libraire de quitter la Bible et de lever les yeux.

Il vit alors un élégant cavalier, irréprochablement vêtu et montant un cheval irlandais de pur sang, sortir de la maison.

Derrière lui, un groom, de quatre pieds de haut, enfourchait un robuste double poney d'écosse, un *hunter* ou cheval de chasse, comme on dit.

Le libraire regarda le cavalier et tressaillit.

—Par saint Georges! murmura-t-il, je crois que j'ai la berlue. Il est impossible que ce soit là le même homme que j'ai vu entrer tout à l'heure.

Cependant l'élégant cavalier avait une telle ressemblance avec le pauvre diable en habit gris que le libraire avait vu entrer par la petite porte, que la curiosité de ce dernier ne connut plus de bornes.

Il quitta tout à fait sa Bible, sortit sur le pas de la porte et regarda le cavalier, qui s'éloignait au pas, suivi à distance respectueuse par le petit groom.

—Voilà qui est bien extraordinaire! murmura le pauvre libraire. Je n'aurais jamais cru à de pareilles choses dans un quartier comme le nôtre.

Cependant le cavalier, qui n'était autre d'ailleurs que l'homme gris complètement métamorphosé, s'éloignait. Il remonta Pall-Mall jusqu'à Saint-Jame street, prit cette dernière voie jusqu'à Piccadilly et de là se rendit à Hyde-Park. Il pouvait être alors dix heures du matin.

Bien qu'on fût en hiver, le ciel était d'un gris cendré, et à travers le brouillard glissait un pâle rayon de soleil. Les cavaliers et les amazones, si nombreux en été dans les allées de Hyde-Park, étaient plus que rares ce jour-là.

Cependant l'homme gris croisa une jeune miss à cheval. Tous deux allaient au petit trop en sens inverse; lui, jouant avec son stik, elle, laissant fouetter au vent son voile bleu.

Ce fut comme un choc électrique.

Leurs regards se rencontrèrent et se heurtèrent comme deux lames d'épée au soleil.

—Miss Ellen! se dit l'homme gris.

—Lui! murmura la fille altière de lord Palmure.

Derrière miss Ellen galopait un vieux groom.

Elle se retourna vivement vers lui et lui fit un signe.

Le vieux groom pressa l'allure de son cheval; mais lorsqu'il arriva auprès de sa maîtresse, l'homme gris était loin.

Il avait passé auprès de miss Ellen et il avait eu l'impertinence de la saluer.

—Paddy! fit miss Ellen, pâle et frémissante de colère, tu vois ce gentleman?

—Oui, miss.

—Tu vas le suivre...

Le groom s'inclina.

—Tu le suivras tout le jour et toute la nuit, s'il le faut, et tu ne rentreras à l'hôtel que lorsque tu sauras son nom et sa demeure.

—Oui, miss.

Et le vieux groom tourna bride et se mit à trotter derrière l'homme gris.

Celui-ci s'était retourné à demi sur la selle.

—Hé! hé! dit-il, je me doute de la mission qu'on vient de te donner... mais tu ne l'accompliras pas, mon ami.

Et il poussa un peu son cheval.

En même temps, il appela son groom qui vint ranger son double poney côte à côte du pur sang.

Il déboutonna son habit, prit un mignon portefeuille dans la poche de côté, en arracha un feuillet, et passant la bride à son bras, il se mit à écrire sur son genou les lignes suivantes:

> «Miss Ellen, vous paraissez désirer savoir qui je suis, d'où je viens et où je vais. J'aurai l'honneur de vous le dire moi-même la nuit prochaine.
>
> Votre serviteur très-humble,
>
> L'INCONNU.»

Puis il plia la feuille du carnet, la remit au groom et lui dit:

—Mets ton cheval au galop, rejoins cette jeune lady que nous venons de rencontrer et remets-lui ce billet.

—Où retrouverai-je Votre Seigneurie? demanda le petit groom.

—Nulle part. Tu feras quelques détours et tu rentreras.

Le groom de l'homme gris rendit la main à son poney et partit.

Quant à celui de miss Ellen, voyant que l'homme gris s'arrêtait, il avait continué son chemin au pas, prenant une attitude indifférente, comme il convient à un espion qui fait son métier.

L'homme gris reprit sa promenade et remit son cheval au petit galop de chasse.

Le groom Paddy en fit autant.

Alors l'homme gris s'amusa à parcourir une à une toutes les allées de Hyde-Park.

Paddy le suivait toujours.

Il arriva ainsi jusqu'à la rivière serpentine.

—Il faudra bien que tu t'arrêtes là et que tu reviennes au petit pas, pensa le groom.

L'homme gris avait choisi un endroit où la rivière était très-étroite.

Tout à coup, le groom stupéfait, le vit rassembler son cheval, rejeter ses jambes en arrière et *enlever* le noble animal.

Le saut était large de plusieurs mètres; mais l'homme gris était un cavalier consommé et son cheval une vaillante bête.

L'animal venait de franchir la rivière, au mépris des ordonnances de police, au mépris des gardiens du parc confondus.

Alors Paddy n'hésita plus.

Il mit les éperons dans le ventre de son cheval et voulut imiter l'homme gris.

Mais le cheval refusa.

Une lutte s'engagea alors entre l'animal et le cavalier.

L'homme triompha et le cheval sauta.

Mais il ne put atteindre l'autre berge et tomba en pleine rivière, tandis que Paddy jetait un cri de rage.

Pendant ce temps, l'homme gris s'éloignait au galop, gagnait Kinsington garden, en sortait par la porte de Lancastre et se perdait dans le dédale des grandes rues qui avoisinent Exbridge road.

Paddy était encore à barbotter dans la vase de la serpentine et parlementait avec deux gardiens du parc, qui voulaient lui déclarer une contravention.

—Maintenant, se dit l'homme gris, allons à Kilburn étudier le terrain et voir s'il n'y a pas moyen d'enlever l'enfant de la cour de police avant demain.

Et il prit le chemin d'Edgware road.

XVI

A Londres, une cour de police correspond à peu près à un commissariat chez nous.

Cependant il y a cette différence que le magistrat de police au lieu d'en référer à l'autorité supérieure, est juge d'instruction en même temps.

Il a le pouvoir de mettre en liberté le prisonnier amené à sa barre et qui se fait souvent assister par un solicitor ou un avocat.

La cour de police de Kilburn avait, nous l'avons dit, pour chef un homme assez brutal, assez mal élevé, M. Booth, mais c'était un homme habile, en même temps.

Depuis dix ans, qu'il était magistrat de police, il avait purgé son district de bien des voleurs et rendu de si éminents services que le métropolitan chief of police l'avait fait complimenter maintes fois.

Bien que ne relevant pas les unes des autres, mais directement de Scotland-Yard, les cours de police des différents quartiers de Londres ont coutume de correspondre entre elles et de se transmettre des renseignements qui sont parfois assez précieux.

M. Booth était un religieux observateur du dimanche, c'est-à-dire qu'il demeurait chez lui ce jour-là, occupé à lire la Bible, et qu'on ne le voyait pas se promener comme un tas d'Anglais sans religion qui attendent avec impatience la clôture des offices et la réouverture des tavernes et des public-houses.

Mais la police est le dragon des sociétés modernes et il ne doit jamais dormir que d'un oeil.

Aussi M. Booth, imbu de ce principe, s'était-il enfermé ce jour-là dans un cabinet secret et compulsait-il avec un soin infini les différentes notes qui lui avaient été transmises.

M. Booth était veuf, et on disait même qu'il n'avait guère pleuré sa femme; en revanche, il avait une fille qu'il adorait.

Cet homme brutal, incivil, qui avait presque toujours la menace à la bouche, adoucissait sa voix et son regard quand la jolie Katt entrait dans son bureau.

Katt avait seize ans; elle était jolie comme une figure de keepsake; elle riait à rendre jaloux les anges du paradis, et quand les voleurs qu'on emmenait à la cour de police la rencontraient, d'aventure, dans les corridors, ils se prenaient à espérer la liberté.

Or donc, M. Booth, qui avait assisté aux offices, travaillait en toute liberté de conscience maintenant, lorsque miss Katt entra.

Au bruit de la porte qui s'ouvrait, M. Booth dit d'un ton brutal:

—Qu'est-ce qu'on me veut donc?

Mais il se retourna, aperçut sa fille et son visage s'éclaira.

—Ah! c'est toi, mon bijou? dit-il.

—Oui, petit père.

—Que veux-tu, mon enfant?

—Comment, petit père, vous travaillez, même le dimanche?

—Il le faut bien. Ma correspondance est en retard.

—Ah!

—J'ai un rapport à faire sur les événements de cette nuit.

—Je voulais justement vous parler de cela, petit père.

—Hein! fit M. Booth.

—Vous ne me gronderez pas, petit père? dit la jeune fille toute tremblante.

—Est-ce que je te gronde jamais, mignonne?

Et M. Booth attira Katt sur ses genoux et l'embrassa.

—Ce matin, reprit Katt, le médecin est venu....

—Ah! oui, pour ce petit gibier de potence...

—Il a eu besoin de moi pour le pansement du pauvre enfant, continua miss Katt, et je l'ai aidé.

—Eh bien!

—Mais je suis sûre qu'il est innocent, le pauvre petit, poursuivit Katt.

—Innocent!

—Oh! oui, petit père, il nous a raconté son histoire... elle est bien touchante...

M. Booth haussa les épaules; mais, au lieu de rudoyer sa fille, comme il eût certainement rudoyé toute autre personne, il continua à compulser les différentes notes qu'il avait sous les yeux.

Tout à coup, il tressaillit et fronça légèrement le sourcil.

—Qu'est-ce que cela? fit-il.

Katt n'osa plus parler de l'enfant à qui, on le voit, elle s'intéressait vivement.

Tout à coup M. Booth lui dit:

—Alors, ce garnement vous a raconté son histoire, Katt?

—Oui, petit père.

—Que vous a-t-il donc dit?

—Qu'il était arrivé à Londres depuis quatre ou cinq jours seulement.

—Bon!

—Qu'il était Irlandais et que sa mère s'appelait Jenny.

—Après?

—Qu'on l'en avait séparé, et que deux femmes très-méchantes l'avaient enfermé dans une maison où il y avait un jardin.

—Il m'a dit tout cela hier.

—Enfin, dit encore la jolie Katt, il s'est échappé de cette maison, avec l'espoir de retrouver sa mère, et il s'est mis courir, courir, dans les rues de Londres, jusqu'au moment où il a été rencontré par cette femme du nom de Suzannah, qui l'a emmené chez elle en lui promettant de le conduire à sa mère le lendemain.

—Voilà qui est incroyable! dit M. Booth, qui tenait toujours à la main la note qui avait attiré son attention.

—Quoi donc, petit père? dit miss Katt.

—Tenez, reprit le magistrat, voilà une note qui émane de la cour de police de Malborough et qui m'a été transmise par mon collègue. Lisez-la, Katt, et vous verrez qu'elle me semble se rapporter parfaitement à cet enfant.

Miss Katt prit la note et lut:

«Ce matin, lord Palmure, membre de la chambre haute, s'est présenté devant nous, magistrat de police, et nous a fait la déposition suivante:

Un enfant qui l'intéresse au plus haut degré et qui répond au nom de Ralph, âgé de dix ans environ, tout récemment arrivé d'Irlande avec sa mère, a été séparé de cette dernière et volé par deux femmes qui l'ont conduit à Hampsteadt.

L'enfant est parvenu à tromper la surveillance de ces femmes et à prendre la fuite.

Il est hors de doute qu'après avoir erré dans les rues de Londres, il sera arrêté comme vagabond et conduit devant une cour de police quelconque.

Lord Palmure réclame cet enfant et déclare s'en charger. Il promet, en outre, une prime de mille livres à qui le lui ramènera.»

—Oh! s'écria miss Katt en rendant le document à son père, c'est lui, j'en suis certaine.

—Je le crois comme vous, Katt.

—Il faut remener l'enfant à ce lord, petit père.

—Voilà qui est impossible, mon enfant.

—Pourquoi donc?

—Mais parce que l'enfant a été associé à un vol, et qu'il faut que lord Palmure vienne le réclamer à ma barre demain.

—Soit, dit la jolie fille, mais il faudrait le prévenir.

—Vous avez raison, Katt, et je vais aller moi-même rendre visite à lord Palmure.

En même temps, M. Booth prit un *Indicateur* sur son bureau, y chercha le nom de lord Palmure, et trouva que le membre du Parlement habitait Chester street, dans Belgrave square.

Le magistrat prit son chapeau et ses gants.

—Je vais sauter dans un cab, ma mignonne, dit-il, et je serai de retour dans une heure.

—Si on venait faire quelque déclaration à mon bureau, vous appellerez Toby, mon secrétaire, qui est là-haut dans sa chambre, mais vous prendrez les notes vous-même, Katt, car ce Toby est bien le plus ignare imbécile que j'aie jamais connu.

Et M. Booth sortit en se disant:

—Une prime de mille livres! par saint George, c'est dix années de mes appointements, et ce serait une jolie dot pour Katt.

Il n'y avait pas cinq minutes que M. Booth était parti, lorsque miss Katt, qui était retournée au parloir et avait repris sa Bible, entendit dans la rue le pas d'un cheval.

Curieuse comme toutes les jeunes filles, elle souleva un peu le rideau de la croisée auprès de laquelle elle était assise.

Un élégant cavalier, qui n'était autre que l'homme gris, mettait pied à terre à la porte de la cour de police, jetait un shilling à un petit polisson qui l'avait suivi pieds nus, et lui donnait son cheval à tenir.

XVII

Avant de pénétrer dans la cour de police avec l'homme gris, voyons d'où il venait.

L'homme gris s'en était allé tout droit à Kilburn square.

Si l'Anglais est long à s'émouvoir, l'émotion persiste, une fois venue.

L'événement qui avait mis en rumeur le square pendant la nuit précédente, était encore l'objet des conversations de toutes les maisons voisines.

Il y avait du monde dans les jardins, du monde aux fenêtres, du monde sur la promenade, tout cela au mépris de la sainteté du dimanche.

Chacun causait et expliquait la chose à sa manière.

M. Thomas Elgin, qui était bien connu pour ses habitudes infâmes d'usure, n'était certes pas l'objet d'une compassion universelle; quelques bonnes âmes regrettaient même que les voleurs n'eussent pas eu le temps de forcer la caisse.

Plusieurs voisins avaient, non par pitié, mais par curiosité, demandé à voir l'usurier.

La vieille femme de ménage, qui avait reçu de son maître les ordres les plus sévères, avait refusé d'ouvrir sa porte.

A midi, il y avait encore un rassemblement d'une douzaine de personnes devant la porte de M. Thomas Elgin, et les deux policemen préposés à la surveillance du square les avaient vainement invités à sa retirer.

Ce fut alors que l'homme gris arriva.

Sa haute mine, sa distinction parfaite et le magnifique cheval qu'il montait, désignèrent tout de suite aux yeux de la foule un membre considérable de l'aristocratie.

Il s'approcha d'un groupe au milieu duquel pérorait le vieux libraire, qui racontait pour la centième fois depuis le matin comment il avait entendu l'explosion du tromblon, et le saluant d'un air protecteur, il lui dit:

—Mon cher, je suis excentrique et curieux, et je note tous les crimes qui se commettent dans Londres.

Le mot *excentrique* est toujours parfaitement accueilli chez le peuple anglais.

Le bourgeois, le commerçant, l'ouvrier sont des gens positifs qui n'ont ni les moyens, ni le loisir de faire preuve d'excentricité; au lord seul appartient cette bizarrerie, et on la respecte, on l'admire même, comme on admire et on respecte, en Angleterre, tout ce que fait l'aristocratie.

L'homme gris n'eut pas plutôt prononcé le mot excentrique qu'on l'entoura avec un empressement respectueux.

—Oui, reprit-il, j'ai un album sur lequel j'inscris tous les vols, tous les assassinats, et je ne recule devant aucune peine, devant aucun sacrifice, pour avoir les détails les plus minutieux et les plus exacts.

—Une fort belle occasion! murmura le libraire en saluant de nouveau.

A Paris, on rirait au nez d'un homme qui parlerait ainsi; à Londres, on devait trouver tout naturel qu'un lord oisif fît une collection de crimes curieux; comme on fait une collection de faïences ou une galerie de tableaux.

—Aoh! poursuivit l'homme gris, je désirerais savoir comment tout s'est passé.

Et il tira de sa poche son calepin, et s'apprêta à prendre des notes.

—Voilà la maison, dit le libraire.

—Et l'homme est-il mort?

—Non, blessé.

—Qu'était-ce que cet homme?

—Un banquier.

—Non, dit une voix dans la foule, un usurier!

—Oh! très-bien! fit l'homme gris, excentrique! usurier. Je veux le voir.

—Impossible!

—Pourquoi? fit-il, fronçant le sourcil comme un homme à qui rien n'a jamais résisté.

—La servante ne veut pas laisser entrer.

—Aoh!

Et l'homme gris descendit de cheval et dix personnes se disputèrent l'honneur de tenir sa monture.

Il sonna à la porte, la servante vint.

—Dites à votre maître, fit-il, que je donne dix guinées à la seule fin de voir sa maison.

La servante fut éblouie par le chiffre, elle rentra dans la maison.

—Thomas Elgin, pensait l'homme gris, n'est pas homme à refuser dix guinées.

Les Anglais restés en dehors de la grille avaient profité de ce temps pour engager des paris.

Les uns tenaient dix shillings que le mylord entrerait, les autres une guinée qu'il n'entrerait pas.

Enfin il y eut un murmure joyeux parmi les uns et un sourd grognement parmi les autres.

La servante rouvrit la porte et s'effaça pour laisser passer le prétendu lord excentrique.

On avait couché M. Thomas Elgin dans la première pièce à droite du vestibule.

L'homme gris entra et renouvela tout d'une haleine au blessé son petit boniment.

—Excentrique et collectionneur de crimes curieux! dit-il en terminant.

Et en même temps, il posa une bank-note de dix livres sur la cheminée.

La colère de M. Thomas Elgin s'était calmée et la vue des dix livres le mit en belle humeur.

Il s'empressa de donner à l'homme gris les détails les plus minutieux.

—Oh! je voudrais voir le tromblon! dit ce dernier. Je payerais volontiers dix livres de plus.

M. Thomas Elgin n'était que légèrement blessé; mais n'eût-il plus eu que le souffle, qu'il eût fait un effort suprême pour se lever.

Il sauta donc à bas de son lit, s'enveloppa dans une vieille robe de chambre et dit au prétendu lord:

—Votre Seigneurie peut me suivre.

Alors M. Thomas Elgin montra avec complaisance à l'homme gris le corridor encore inondé de sang, la porte percée d'un guichet, et la chambre où avait eu lieu la détonation.

—Oh! très-curieux! très-curieux! disait l'homme gris, qui avait mis son pince-nez et examinait tout cela avec attention, puis prenait des notes, et puis encore faisait mille questions.

M. Thomas Elgin fut d'une complaisance sans bornes, et il parla du petit Irlandais.

—Aoh! fit encore l'homme gris, où est-il?

—En prison.

—Où cela?

—A la cour de police de Kilburn.

—Je voudrais le voir, et je donnerais bien cinq livres de plus.

—M. Booth ne vous refusera pas sur ma recommandation.

—All reigth! dit l'homme gris.

Et M. Thomas Elgin écrivit la lettre suivante à M. Booth:

> «Mon cher monsieur,
>
> Lord Cornhill—c'était le nom que s'était donné l'homme gris dans cette circonstance—me prie de lui donner un mot d'introduction auprès de vous.
>
> C'est un gentilhomme accompli et excentrique, qui travaille à une collection des plus curieuses, et je ne doute pas que vous ne satisfassiez à sa demande.
>
> Votre obéissant serviteur.
>
> THOMAS ELGIN.»

L'homme gris posa trois autres billets de cinq livres sur la cheminée, remercia M. Thomas Elgin avec effusion, et sortit avec la lettre de recommandation.

Comme il arrivait à la porte extérieure, il trouva la servante qui parlementait avec un homme d'aspect misérable, lequel voulait absolument voir M. Thomas Elgin.

—Je viens pour affaires, disait-il.

—M. Thomas Elgin est malade.

—Dites-lui que je suis étranger, que j'arrive d'Amérique.

A ces mots qui le firent tressaillir, l'homme gris regarda attentivement cet homme.

—Parlez-vous français? lui demanda-t-il.

—Oui, dit l'Américain.

Alors l'homme gris lui fit un signe mystérieux et rapide.

Un signe qui fit faire à l'Américain un pas en arrière, et auquel il répondit.

—C'est bien, dit l'homme gris, vous êtes un de ceux que nous cherchons et je suis un de ceux que vous cherchez; n'insistez pas pour entrer dans cette maison et suivez-moi à distance.

Et l'homme gris, qui venait de détruire en quelques mots une des combinaisons machiavéliques auxquelles M. Thomas Elgin se trouvait mêlé, traversa de nouveau le petit jardin et alla reprendre son cheval, que le vieux libraire tenait respectueusement en main.

XVIII

L'homme gris soulevait le marteau de la porte d'entrée de la cour de police quelques minutes après.

L'homme d'aspect misérable, qui n'était autre qu'un des quatre qui avaient eu rendez-vous à Saint-Gilles, le 26 octobre dernier, avait obéi.

Il avait dit à la servante de M. Thomas Elgin qu'il reviendrait, et il s'en était allé.

Seulement, il avait suivi l'homme gris à distance.

La jolie miss Katt Boot avait donc un peu dérangé le rideau de la croisée et regardait dans la rue.

La tournure élégante du visiteur produisit sur la curieuse jeune fille une telle expression qu'au lieu d'appeler Toby, le secrétaire de M. Booth, elle alla ouvrir elle-même.

—Bonjour, ma belle enfant, dit l'homme gris. Je crains bien de me tromper. Une aussi jolie personne que vous ne saurait être une geôlière et on m'a mal indiqué sans doute.

—Que cherchez-vous, mylord? demanda miss Katt.

—La cour de police de Kilburn.

—C'est bien ici.

L'homme gris entra.

—Et je désirerais parler à M. Booth, ajouta-t-il.

—C'est mon père.

—En vérité! par saint George, ma mignonne, il doit être fier d'avoir une fille aussi jolie que vous.

Katt rougit jusqu'au blanc des yeux, elle ne put s'empêcher de songer que le visiteur était charmant.

L'homme gris poursuivit:

—J'ai pour M. Booth une lettre...

—Ah!

—De M. Thomas Elgin.

—Celui qu'on a failli assassiner la nuit dernière?

—Précisément.

Et l'homme gris suivit Katt, qui avait poussé une porte et était entrée dans le bureau particulier de M. Booth.

Là-dessus, il recommença son petit discours.

—Je suis un lord excentrique, fit-il, je collectionne des crimes curieux, et j'ai un album que le lord chancelier de l'échiquier payerait vingt-cinq mille livres, si je voulais m'en défaire.

—Mais c'est que mon père est absent, dit miss Katt.

—Ah! fit l'homme gris qui parut visiblement désappointé.

—Cependant, reprit la jolie fille, j'ai le pouvoir d'ouvrir ses lettres.

L'homme tendit le billet de M. Thomas Elgin.

Miss Katt en prit connaissance.

Puis comme si elle eût eu besoin de prendre conseil de quelqu'un, elle dit:

—Je vais appeler Toby?

—Qu'est-ce que Toby.

—Le secrétaire de mon père.

Elle avança un siége au gentleman, alla se placer en bas de la rampe de l'escalier et cria:

—Toby! laissez votre Bible, descendez au bureau, on a besoin de vous.

Puis, revenant vers l'homme:

—Ah! mylord, dit-elle, si vous saviez comme il est intéressant et joli, ce pauvre petit malheureux!

—Vraiment?

—Et beau comme un petit ange!

—Ah!

—M. Thomas Elgin a eu beau dire. Ce n'est pas un voleur, poursuivit miss Katt, et je crois à son histoire.

—Il a donc raconté son histoire?

—Oui, mylord. Une histoire bien touchante, allez.

—Je vais en prendre note, dit l'homme gris, qui tira de nouveau son calepin.

Alors miss Katt ne se fit pas prier; elle raconta tout ce que l'homme gris ne savait que trop bien; et celui-ci ne tarit pas en exclamations de surprise et de contentement.

—Oh! très-curieux, disait-il, très-curieux!

—Mais, continua miss Katt, je ne vous dis pas tout, mylord, et je crois bien que le pauvre petit sera sauvé demain.

—Sauvé!

Et l'homme gris tressaillit.

—Oui, dit miss Katt.

—Par qui?

—Par un noble lord comme vous, qui se propose de le réclamer.

L'homme gris eut un battement de coeur; mais son visage demeura impassible.

—Et quel est ce noble lord? fit-il.

—Lord Palmure, dit miss Katt.

L'homme gris ne sourcilla pas.

Miss Katt, qui jasait volontiers, lui parla alors de la note de police émanée de la cour de Marlborough, et elle termina son récit en disant que M. Booth, son père, s'était empressé d'aller chez lord Palmure.

Elle achevait de donner ces détails à l'homme gris, lorsque Toby parut enfin.

M. Booth, en l'appelant imbécile, n'avait rien exagéré.

C'était un gros garçon aux cheveux jaunes, avec des yeux ronds à fleur de tête, un rire bête qui faisait voir de vilaines dents.

—Toby, lui dit miss Katt, c'est vous qui avez la clef du cachot.

—Oui, certainement.

Et le bélître fit sonner un trousseau de clefs qu'il avait à sa ceinture.

—Je vous présente lord Cornhill, dit miss Katt.

Toby salua.

—Un lord excentrique.

—Et riche, dit l'homme gris.

—Qui fait une collection de crimes, poursuivit la jolie Katt, qui n'avait qu'à regarder Toby pour le faire rougir.

Toby était amoureux de Katt, et Katt se moquait de lui du matin au soir.

—Eh bien! fit le secrétaire, que désire milord?

—Il voudrait voir le petit Irlandais.

—Ah! c'est impossible, dit Toby.

—Pourquoi donc?

—Parce que M. Booth...

—M. Booth est mon père...

—Je ne dis pas non.

—Et il trouve bien tout ce que je fais.

—Je ne dis pas... mais...

—Mais quoi?

Et miss Katt prit un petit ton impérieux.

—Mais, dit Toby, qui se raidissait dans le sentiment du devoir, si mylord qui... est... excentrique...

—Eh bien! fit l'homme gris.

—Que voulez-vous dire? demanda miss Katt, qui plissa son joli front.

—Si mylord, qui est excentrique... voulait... délivrer le prisonnier?...

L'homme gris se mit à rire et miss Katt fit chorus avec lui.

—Excusez-le, mylord, dit la jolie fille. Mon père a bien raison de dire que vous êtes un imbécile, Toby.

Ces mots vexèrent le secrétaire de M. Booth.

—Ma foi, mademoiselle, dit-il, vous êtes la maîtresse, après tout; ordonnez, j'obéirai. Je suis un pauvre secrétaire, aux appointements de soixante-quinze livres, et si M. Booth me chasse pour vous avoir obéi...

—Vous êtes un insolent, dit miss Katt. Donnez-moi les clefs.

Tobby prit le trousseau à sa ceinture, poussa un gros soupir et tendit les clefs à miss Katt.

—Mylord, dit alors celle-ci, si vous voulez me suivre, je vais vous conduire.

—Au cachot?

—Oui, mylord.

—Et je verrai le petit voleur?

—Sans doute.

—Aoh! fit le prétendu lord avec une satisfaction visible.

Et il tira de sa poche un billet de cinq livres, qu'il mit dans la main de Toby pour le consoler.

Miss Katt avait allumé une chandelle et elle se dirigeait vers une porte à barreaux de fer qui se trouvait au fond du bureau de M. Booth.

XIX

La porte à barreaux de fer étant ouverte, le prétendu lord Cornhill se trouva au seuil d'un escalier tournant et noir.

—Aoh! fit-il, plein de caractère! très-curieux!

Et il prit une nouvelle note.

Miss Katt ne put réprimer un sourire, tant le noble lord lui paraissait original.

Elle passait la première, un flambeau à la main, et au bout d'une trentaine de marches, elle s'arrêta.

L'homme gris se vit alors dans une sorte de corridor souterrain qui avait toute la vulgarité d'un corridor de cave bourgeoise, et il vit une autre porte, également à barreaux de fer, et dont la solidité défiait les plus robustes efforts.

—C'est ici, dit-elle.

—Pauvre petit! dit l'homme gris, on a pris des précautions pour lui comme pour un condamné à mort.

Miss Katt ouvrit la porte.

On n'entendait aucun bruit derrière.

Mais quand les verrous eurent grincé dans leurs anneaux, un gémissement parvint jusqu'à l'homme gris.

Alors ce personnage mystérieux eut un tressaillement et son coeur battit violemment.

Il allait voir enfin cet enfant qu'il cherchait avec tant de persistance. Cet enfant dans les mains de qui l'Irlande devait mettre ses destinées et que lui, son précurseur, il n'avait jamais vu.

Miss Katt entra encore la première et dit:

—Mon petit Ralph, n'ayez pas peur... c'est moi...

L'homme gris avait un moment oublié son rôle de lord excentrique:

Il était pâle et une sueur abondante perlait à son front.

Ralph était couché sur un peu de paille; sous ses vêtements délabrés, qu'on avait entr'ouverts, on apercevait des linges sanglants.

Quand la lumière pénétra dans son cachot, le petit Irlandais se souleva à demi et regarda miss Katt.

La jeune fille avait été bonne pour lui, le matin, quand le médecin était revenu, et la reconnaissance est ce qui tient le plus au coeur des enfants.

—Ah! c'est toi, madame? dit-il.

—Oui, mon enfant, répondit miss Katt. Souffres-tu toujours?

—Un peu moins, répondit-il d'une voix douce et triste.

—As-tu toujours soif?

—Oh! oui, madame...

L'homme gris se tenait à l'écart, dans l'ombre, et de grosses larmes roulaient dans ses yeux.

—Oh! reprit le petit Irlandais, tu as pourtant l'air bien bonne, madame. Pourquoi ne veux-tu pas me laisser sortir, pour que j'aille retrouver ma mère?

Alors l'homme gris fit un pas et entra dans le cercle de lumière décrit par la lampe de miss Katt.

L'enfant eut un geste d'effroi; mais il ne pleura pas.

—Miss Katt, dit l'homme gris, voulez-vous que je lui parle la langue de son pays?

—Mais, dit miss Katt en souriant, la langue des Irlandais est la même que celle des Anglais.

—Les gens du peuple ont un dialecte.

—Ah!

—Vous allez voir...

Et soudain cet homme, qui savait tout et qui parlait toutes les langues, se mit à parler une sorte de patois qui n'est compréhensible que pour les pêcheurs des côtes d'Irlande.

Aux premiers mots, l'enfant jeta un cri.

La langue maternelle vibrait tout à coup à son oreille, comme si la patrie absente fût venue jusqu'à lui.

—Ralph, disait l'homme gris, je suis un ami de ta mère.

L'enfant jeta un nouveau cri.

—De ta pauvre mère Jenny qui t'a cherché et pleuré si longtemps, et à qui je te rendrai.

Depuis trois jours, on s'était bien joué du malheureux enfant; bien des gens lui avaient promis de lui rendre sa mère, et tout le monde l'avait trompé.

Et cependant sous le regard affectueux et dominateur de cet homme étrange, l'enfant frissonna d'une joie secrète et une confiance absolue emplit son âme.

—Oh! dit-il, vous ne me tromperez pas, vous, je le sens.

Alors, toujours dans ce dialecte que miss Katt ne comprenait pas, et dans lequel l'enfant s'était mis à lui répondre, l'homme gris lui parla de sa mère, de son pays, de leur chaumière au bord de la mer, et du bon Shoking qui l'avait porté sur ses épaules, à son arrivée à Londres.

Ralph l'écoutait, plongé en une sorte d'extase.

—Écoute, lui dit encore l'homme gris, tu dois être un homme et avoir du courage.

L'enfant le regarda.

—Demain, reprit l'homme gris, on te jugera, parce que tu as été le complice de Suzannah et de Bulton.

—Oh! monsieur, dit Ralph en joignant les mains, je vous jure que je ne savais pas ce qu'ils allaient me faire faire.

—Je le sais bien, dit l'homme gris, mais les juges ne te croiront pas.

L'enfant eut un accès de désespoir.

—O mon Dieu, dit-il, est-ce que l'on me laissera en prison?

—Pas ici, mais on te conduira dans une autre.

—Et ma pauvre mère?

—Quand tu seras dans l'autre prison, je te délivrerai.

—Vous?

—Oui, et regarde-moi bien...

L'enfant regarda et dit:

—Je vous crois, monsieur.

—Par conséquent, mon enfant, acheva l'homme gris, prends patience jusqu'à demain.

—Mais je ne verrai donc pas ma pauvre mère?

—Si, dit l'homme gris.

—Quand?

—Demain.

—Vous me le promettez, monsieur?

—Je te le jure.

Alors l'homme gris se tourna vers miss Katt.

—Je ne veux pas abuser de vos moments, miss, dit-il.

—Oh! mylord...

Et puis, miss Katt ajouta avec une curiosité naïve:

—Mais que lui avez-vous donc dit? Il paraît tout content de vous voir.

—Je lui ai dit que demain un noble lord viendrait le réclamer à la justice.

—Ah!

—Et qu'on le rendrait à sa mère.

Et l'homme gris dit encore à Ralph:

—Écoute bien ce que je vais te dire, mon enfant. Si tu veux revoir ta mère, il faut te garder de répéter à personne, même à miss Katt, ce que je viens de te dire.

L'enfant eut un sourire d'homme.

—Je ne dirai rien, répondit-il.

Et il se recoucha, résigné, sur la paille fétide qui lui servait du lit.

Alors miss Katt sortit du cachot, l'homme gris la suivit, et elle referma la porte.

Arrivé en haut de l'escalier, le prétendu lord Cornhill se remit à prendre des notes.

—Ah! vous voilà enfin, dit Toby en les voyant reparaître. Dieu soit loué!

—Nous croyais-tu donc perdus? fit miss Katt en riant.

—Non, mais j'avais peur que M. Booth ne revînt.

—Ah! vraiment?

—Et tenez, mamzelle, si vous m'en croyez, mylord s'en ira et nous ne dirons rien à M. Booth.

—Soit, dit miss Katt.

Quelques minutes après, l'homme gris remontait à cheval et murmurait:

—Allons! voici la bataille engagée... A nous donc! miss Ellen et lord Palmure!

Et il rejoignit l'Américain qui l'attendait, au coin de la rue, assis sur une borne.

XX

Retournons maintenant dans le Brook street.

Il est nuit, un brouillard épais couvre Londres. Le Brook street est désert, en apparence du moins.

C'est à huit heures en été, à six heures en hiver, que le Brook street est bruyant.

C'est le moment où les voleurs se réunissent, échangent un mot d'ordre et se répandent ensuite dans la grande ville.

Dès lors, jusqu'au lendemain matin, cette petite rue, ces cours et ces passages infects où la police n'ose pénétrer qu'en force, offrirent l'aspect d'une nécropole.

A peine, çà et là, rencontrera-t-on un invalide du crime que ses enfants nourrissent et qui est trop vieux pour aller en expédition; une femme qui allaite son marmot, un enfant dont les parents sont en prison et qui pleure sous une porte.

Ce soir-là, pourtant, le Brook street présentait une physionomie différente.

Certaines maisons étaient éclairées, et des ombres glissaient silencieuses au travers du brouillard.

Quand elles passaient devant la maison de Bulton, elles montraient du doigt une fenêtre d'où partait une vive lumière et semblaient se dire:

—C'est là!

C'était là, en effet, que Suzannah blessée et peut-être agonisante était couchée sous la garde d'une escorte de policemen.

Le bandit parisien ne recule devant aucune extrémité et les habitués des carrières d'Amérique jouent aisément du couteau.

Le voleur anglais est plus circonspect.

Mille fois plus sûr de son adresse que de son courage, il a établi avec l'homme de police une lutte d'ingéniosité, et on dirait volontiers de courtoisie.

S'il est pris, il se soumet et n'engage pas un combat inutile. Il sait qu'il ira au moulin, mais il voit Newgate, et la seule chose que craigne un Anglais, c'est la potence.

Tout cela explique comment une demi-douzaine de policemen avaient pu s'installer dans la maison de Bulton, au milieu du Brook street, sans être inquiétés.

Quand les ombres mystérieuses dont nous parlons s'étaient montré la fenêtre, elles continuaient leur chemin.

Au bout du Brook street, à gauche, il y a une cour noire, triste, déserte, dans laquelle s'élève une petite maison depuis plus d'un siècle.

Cette maison est un monument; c'est la pagode du Brook street, le temple de ce singulier quartier; c'est la demeure du Cartouche anglais, de Jack Sheppard, mort au champ d'honneur, c'est-à-dire sur l'échafaud, il y a déjà plus d'un siècle.

Les voleurs l'ont conservée intacte.

Ils se la montrent avec respect; de génération en génération, ils se transmettent la légende historique de celui qui l'habita.

Quand un enfant est né dans le Brook street, on le porte en grande pompe sous le porche de la maison et les vieillards lui disent:

—Puisse-tu ressembler à Jack Sheppard!

C'est là le baptême du voleur en herbe.

Cette nuit-là, c'était en cette maison que, deux par deux ou une par une, se dirigeaient les ombres qui traversaient le brouillard.

Elles arrivaient à la porte, frappaient trois coups et la porte s'ouvrait et se refermait aussitôt.

Le brouillard anglais, qui est rouge, donne à toutes choses une forme fantastique.

On aurait donc pu croire que c'était, non des hommes, mais des fantômes.

Les fantômes des compagnons de Jack Sheppard se réunissant la nuit dans sa demeure pour lui faire quelque ovation d'outre-tombe.

Ce qui eût put compléter cette illusion, c'était le silence qui régnait dans la cour, l'absence de lumière aux fenêtres veuves de leurs volets et de leurs carreaux depuis nombre d'années.

Cependant c'étaient bien des hommes qui se réunissaient.

Une fois entrés dans la maison, ils soulevaient une trappe et s'engageaient dans un escalier souterrain.

Cet escalier descendait dans une cave.

Cette cave était la cour de justice des voleurs.

Les hommes qui vivent en dehors de la société ont été obligés de se faire une législation particulière.

Les voleurs ont leur code, leurs juges, leurs exécuteurs de hautes oeuvres.

Celui qui est reconnu coupable de trahison, est condamné, et si la condamnation entraîne la peine de mort, il est étranglé, un soir, dans sa maison, ou jeté dans la Tamise par une nuit sombre et pluvieuse.

Or donc, les hommes qui se réunissaient ce soir-là dans la cave de Jack Sheppard, s'étaient assemblés pour juger Suzannah.

—Sommes-nous au complet? dit l'un d'eux, un vieillard qui paraissait être le président.

—Oui, répondit une voix sur la dernière marche de l'escalier.

—Nous sommes douze?

—Oui.

—Où est l'accusateur?

—C'est moi, dit un homme qui n'était autre que Jack, dit l'Oiseau-Bleu.

—Et le défenseur?

—Me voilà.

Celui-ci était Craven, l'ami de Bulton et de Suzannah.

—Alors, dit le président, commençons.

Et il se couvrit de son bonnet, ni plus ni moins qu'un vrai juge qui prononce les mots sacramentels: *la Cour va en délibérer.*

Il y avait au fond de la cave une vieille futaille et des bancs.

La futaille servait de table et de bureau, et on avait placé dessus une énorme chandelle de suif.

Les juges s'assirent sur les bancs.

Celui qui avait accepté la qualification d'accusateur fit un pas vers la futaille et se tint debout.

—Vous avez la parole, dit le président.

Alors l'Oiseau-Bleu commença une manière de réquisitoire contre Suzannah.

A ses yeux, Suzannah était coupable.

Elle avait partagé la vie du traître Bulton, s'était associée à ses bénéfices, l'avait aidé à soustraire frauduleusement une part de butin.

On avait livré Bulton à la police; l'Oiseau-Bleu ne voyait pas pourquoi on n'abandonnait pas Suzannah.

Il termina en concluant que, puisqu'elle était dans les mains de la justice, il fallait l'y laisser.

Le président donna ensuite la parole à Craven.

Craven démontra que Suzannah n'était point coupable; que, compagne dévouée de Bulton, elle n'avait cependant jamais été mêlée à ses secrets, et que, lorsque Bulton avait trompé ses compagnons, elle l'avait ignoré.

Les conclusions de Craven furent diamétralement opposées à celles l'Oiseau-Bleu.

Craven demandait qu'on délivrât Suzannah.

Le président résuma les débats et mit la chose aux voix.

Les juges acquittèrent Suzannah.

Du moment où l'Irlandaise n'était pas coupable de complicité avec Bulton, on lui devait aide et assistance.

Donc, il fallait l'arracher à la justice.

Alors le président mit en délibération le choix des moyens.

Mais, en ce moment, il se fit en haut de l'escalier un bruit qui déconcerta quelque peu cet étrange tribunal.

On n'attendait plus personne, et cependant la porte de la maison s'était ouverte et refermée.

Puis on entendit un pas dans l'escalier et, enfin, un homme apparut à l'entrée de la cave.

Les voleurs jetèrent un cri.

Chacun porta la main à ses armes.

Mais l'Oiseau-Bleu cria:

—Je connais monsieur, et il a un fameux coup de poing, allez! n'ayez pas peur, ce doit être un ami.

—Certainement, répondit le nouveau venu.

Et il s'élança, calme et souriant, au milieu des voleurs.

Ce nouveau venu, c'était l'homme gris!

XXI

L'homme gris avait repris ce costume que les habitués du Black-Horse, la taverne où trônait mistress Brandy, connaissaient si bien.

Jack, dit l'Oiseau-Bleu, était le seul parmi les voleurs qui le connût.

Mais, bien qu'il eût perdu son procès dans l'affaire Suzannah, Jack jouissait d'une grande considération parmi les voleurs, et lorsqu'il eut répondu de l'homme gris comme de lui-même, celui-ci put, à son aise, s'avancer au milieu d'eux et promener autour de lui ce regard dominateur qui le faisait maître sur-le-champ.

Les voleurs le regardaient et semblaient se demander ce qu'il venait faire parmi eux.

Comme tous les voleurs du monde, ceux de Londres ont un argot.

L'homme gris se mit à leur parler leur langue,—langue intraduisible ou à peu près en français, et dès lors, la confiance s'établit entre eux.

Il vint à Jack et lui serra la main.

Dès lors, Jack fut son ami à la vie et à la mort.

—Mes amis, dit l'homme gris, j'ai peut-être fait votre métier jadis, et si j'en ai pris un autre, c'est que cet autre est meilleur.

Il y eut parmi ces hommes un murmure d'étonnement qui ressemblait presque à de l'incrédulité.

Quel métier pouvait donc être meilleur que celui qu'ils exerçaient?

L'homme gris continua:

—Vous venez de juger Suzannah.

—Oui, dit le président.

—Et vous songez à la sauver?

—Sans doute.

Craven le regarda avec inquiétude.

—Voudriez-vous donc vous y opposer, vous? dit-il.

—Pas le moins du monde, dit l'homme gris. J'aime beaucoup Suzannah, qui est une charmante fille, et c'est pour elle que je viens, au contraire.

—Ah! fit-on avec curiosité.

Il s'adressa au président:

—Comment comptez-vous la sauver? dit-il.

—Mais, dit celui-ci, naturellement, ce me semble. Les policemen sont six ou huit tout au plus...

—Bon!

—A minuit, nous appellerons les compagnons.

—Fort bien.

—Nous entourerons la maison, et, de gré ou de force, nous enlèverons Suzannah.

—C'est là votre projet?

—Oui.

—Eh bien! dit froidement l'homme gris, vous aurez tort, mes amis.

—Pourquoi?

—Parce que vous ne réussirez pas.

—Oh! oh! firent plusieurs voix.

—Non, reprit l'homme gris, et je vais vous en dire la raison. La police s'occupe fort peu des voleurs, mais en revanche, elle s'occupe beaucoup des fenians.

Ce nom fit tressaillir les voleurs.

L'homme gris continua:

—Suzannah est Irlandaise.

—Nous le savons.

—On a dit à la police qu'elle avait des relations avec les fenians, et un magistrat de la cité s'apprête à l'interroger lui-même.

—Quand?

—Demain matin.

—Mais, observa Jack, dit l'Oiseau-Bleu, Suzannah est hors d'état d'être transportée hors de chez elle.

—Aussi le magistrat viendra.

—Dans le Brook street?

—Oui.

—Ce sera drôle, un magistrat dans le Brook street, fit l'Oiseau-Bleu.

Et tous les voleurs se mirent à rire.

—Or donc, reprit l'homme gris, comme on ne veut pas que Suzannah échappe à la justice, on a pris ce soir de grandes précautions.

Il y a dans les environs plus de deux cents policemen déguisés et armés de revolvers. Au moindre bruit, vous les verrez fondre sur vous et vous serez impuissants à délivrer Suzannah.

Les voleurs se regardèrent avec inquiétude.

—Ainsi, continua l'homme gris, je vous conseille d'attendre à demain.

—Mais, dit Craven, demain ce sera comme aujourd'hui.

—Vous vous trompez...

Suzannah ne sait même pas ce que font les fenians.

Quand le magistrat l'aura interrogée, il verra bien qu'elle n'est qu'une simple voleuse, et il ne jugera pas utile de déployer des forces si considérables pour la garder.

—Si c'est comme vous le dites, fit Jack, je suis de votre avis; il faut attendre à demain.

—C'est comme je vous le dis.

—Mais, dit le président, pourquoi êtes-vous venu ici?

—Pour vous prévenir.

—Quel intérêt pouvons-nous donc vous inspirer?

—Je suis venu parce que Suzannah a un frère du nom de John Colden.

—Bon! fit Craven.

—Et que ce frère est fenian.

—Je le sais encore.

—Et que tous les fenians sont frères et qu'ils se portent une mutuelle assistance.

—Alors... vous êtes?

—Chut! dit l'homme gris. Je vous ai prévenus.

Souvenez-vous du proverbe: A bon entendeur, salut!

Et il fit un pas de retraite.

Puis, se retournant vers Jack:

—Tu me connais, toi?

—Certes, dit l'Oiseau-bleu.

—As-tu confiance en moi?

—J'irais avec vous jusqu'à la porte de Newgate.

—Je ne te demande pas cela, dit l'homme gris. Je veux seulement que tu me conduises jusqu'à la maison de Suzannah.

—Mais la police y est!

—Je le sais bien.

—Et elle ne vous laissera pas entrer?

Il eut un superbe sourire:

—Tu verras bien, dit-il, que j'entre partout.

—Allons donc, alors, fit Jack.

Et il suivit l'homme gris, qui salua les voleurs d'un geste amical.
Quand ils furent hors de la maison de Jack Sheppard, Jack lui frappa sur l'épaule:
—Je ne sais pas, dit-il, si cela vaut mieux d'être fenian que voleur, mais je puis vous dire que si vous vouliez venir parmi nous, nous vous élirions chef.
—J'y songerai, dit l'homme gris, qui avait pour principe de ne froisser personne.
Ils sortirent de la cour et rentrèrent dans le Brook street.
—C'est là, dit Jack, au bout de quelques pas.
Et il lui montra la maison aux fenêtres de laquelle on voyait de la lumière.
—Merci et bonsoir.
—Vous n'avez plus besoin de moi?
—Non.
Et il se sépara de Jack en lui donnant une poignée de main.
Puis il marcha vers la maison devant laquelle un policeman était en sentinelle.
Le policeman croisa devant lui son petit bâton.
Mais l'homme gris fit un signe.
Un signe mystérieux que Jack, qui l'observait à distance, ne comprit pas.
A ce signe, le policeman s'inclina et lui livra passage.
L'homme gris monta l'escalier en murmurant:

—Cette pauvre Angleterre qui se croit la reine du monde: elle ne sait donc pas qu'il y a des fenians partout?

XXII

L'habit gris de notre héros était, à proprement parler, une sorte de houppelande assez large, qui permettait de porter en dessous un autre vêtement.

Dans l'escalier, cette houppelande tomba, lestement détachée par l'homme gris, qui la mit sur son bras en guise de pardessus.

Il se trouva alors vêtu d'un habit noir, cravaté de blanc, et tira de sa poche un petit bâton de constable.

L'institution des constables est purement anglaise.

Dans un pays où on a le plus grand respect de la loi, les hommes considérables se font un mérite et tiennent à honneur de prêter main forte à l'autorité en péril.

Un gentilhomme, un simple gentleman se fait recevoir constable.

Vienne une rixe dans la rue, ou même une émeute; que les policemen, trop peu nombreux, soient sur le point d'avoir le dessous, on voit sortir des rangs de la foule un homme, ou plusieurs hommes, parfaitement mis, parfaitement élevés, appartenant à la haute classe de la société, qui tirent un petit bâton de leur poche et viennent au secours des policemen.

Ce sont des constables.

L'homme gris, qui logeait dans Pall-Mall et paraissait avoir deux existences, l'une mystérieuse, l'autre en plein soleil, l'homme gris était constable.

Il arriva donc à la porte de Suzannah et se trouva en présence de deux policemen, il leur montra son bâton.

Ceux-ci s'inclinèrent et le laissèrent passer.

Alors cet homme, qui n'avait qu'à paraître pour dominer, entra dans la chambre, fit un signe aux autres policemen, et ceux-ci sortirent, le laissant seul avec Suzannah.

Très-certainement ils le prirent pour un haut employé de la police, chargé d'interroger l'Irlandaise.

Celle-ci le crut également, sans doute, car elle souleva sa tête pâle et tourna ses grands yeux noirs vers lui.

L'homme gris s'approcha du lit et lui dit:

—Suzannah, je viens de la part de votre frère.

Elle tressaillit et le regarda plus attentivement.

—Vous connaissez John? fit-elle.

—C'est mon ami.

La police emploie souvent des ruses pour arracher des aveux aux prisonniers.

Aussi Suzannah eut-elle un premier mouvement de défiance.

L'homme gris eut un sourire.

—Je suis son ami, dit-il, et je vais vous le prouver.

Alors il se mit à lui parler dans cet idiome des côtes d'Irlande, qui est incompréhensible pour les Anglais.

Et il lui raconta de telles choses sur son enfance et sa jeunesse, à elle, Suzannah, que John Colden seul lui pouvait avoir donné ces détails.

—Oh! je vous crois, lui dit Suzannah. Que me voulez-vous? Parlez...

—Au milieu de votre vie aventureuse et souillée, Suzannah, reprit l'homme gris d'une voix grave, vous n'avez pu oublier votre patrie...

—J'aime l'Irlande, répondit-elle, et je donnerais ma vie pour elle.

—Votre frère pense comme vous, Suzannah! hommes, parfaitement mis, parfaitement élevés, appartenant à la haute classe de la société, qui tirent un petit bâton de leur poche et viennent au secours des policemen.

Ce sont des constables.

L'homme gris, qui logeait dans Pall-Mall et paraissait avoir deux existences, l'une mystérieuse, l'autre en plein soleil, l'homme gris était constable.

Il arriva donc à la porte de Suzannah et se trouva en présence de deux policemen, il leur montra son bâton.

Ceux-ci s'inclinèrent et le laissèrent passer.

Alors cet homme, qui n'avait qu'à paraître pour dominer, entra dans la chambre, fit un signe aux autres policemen, et ceux-ci sortirent, le laissant seul avec Suzannah.

Très-certainement ils le prirent pour un haut employé de la police, chargé d'interroger l'Irlandaise.

Celle-ci le crut également, sans doute, car elle souleva sa tête pâle et tourna ses grands yeux noirs vers lui.

L'homme gris s'approcha du lit et lui dit:

—Suzannah, je viens de la part de votre frère.

Suzannah couvrit son visage de ses deux mains.

—Le pauvre petit, murmura-t-elle, il est mort peut-être... Ah! c'est Bulton qui l'a voulu.

—Cet enfant n'est pas mort.

—Vrai?

—Mais il est prisonnier, et demain on vous interrogera sur lui.

—Oh! dit Suzanne, je dirai la vérité, allez! je la dirai... il est innocent... nous l'avons trompé... nous lui avons fait un mensonge...

—Voilà précisément ce qu'il ne faut pas dire, Suzannah.

—Comment?

Et elle le regarda avec étonnement.

—Écoutez-moi, Suzannah, reprit l'homme gris.

Et il se pencha vers elle et lui parla longtemps à l'oreille.

Que lui dit-il?

Mystère!

Mais quand il eut fini de parler, elle lui dit:

—Je vous comprends à présent, et je vous obéirai.

—Vous me le jurez!

—Foi d'Irlandaise.

—Je vous crois, dit l'homme gris en se relevant. Adieu, Suzannah, au revoir plutôt, car nous nous nous reverrons.

—Vrai? dit-elle, on me sauvera?

—L'Irlande veille sur ceux qui travaillent pour elle, répondit-il gravement. Patience et courage, que ce soit votre devise, comme c'est la nôtre.

Et il s'en alla, après avoir rappelé les policemen demeurés au dehors.

Dans l'escalier, il reprit sa houppelande grise qu'il avait accrochée à la corde qui servait de rampe.

Puis quand il fut hors de la maison, il se prit à marcher d'un pas rapide, descendit le Brook street et arriva dans Holborne.

Là, un cab l'attendait.

—Où allons-nous? demanda le cabman.

—Dans Haymarket, répondit l'homme gris.

Le cab partit avec la rapidité de l'éclair et quelques minutes après, il s'arrêta au coin de Haymarket et de Piccadilly.

Là, il y avait un homme assis auprès de la marchande de gin qui stationne en plein vent sous un large parapluie jaune.

Cet homme se leva et s'approcha du cab.

C'était Shoking.

—Où est l'abbé Samuel? lui demanda l'homme gris.

—Chez lui.

—Et l'Irlandaise?

—Avec le prêtre.

—Et l'Américain?

—Avec eux.

—C'est bien. Va chez l'abbé Samuel et dis-lui que nous tiendrons conseil à deux heures du matin.

—Rapport au petit, n'est-ce pas?

—Oui, dit l'homme gris.

—Oh! dit Shoking, qui sans doute avait revu l'homme gris, depuis que celui-ci l'avait quitté, le matin, pour aller à Kilburn, maintenant que nous savons où il est, c'est comme si nous l'avions, n'est-ce pas?

—Pas tout à fait, répondit l'homme gris, mais nous y arriverons.

Et il cria au cocher:

—Chester street, Belgrave square!

Puis, tandis que le cab descendait Haymarket, il regarda l'heure à sa montre.

—Minuit moins cinq, dit-il; je suis tout à fait dans les désirs de miss Ellen; la noble fille de lord Palmure me tiendra pour un parfait gentleman.

XXIII

Que s'était-il passé depuis deux jours dans Chester street, Belgrave square, à l'hôtel de lord Palmure?

C'est ce que nous allons vous dire.

Pendant tout le reste de cette nuit néfaste durant laquelle l'homme gris avait eu l'audace de s'introduire dans l'hôtel et d'entrer par la fenêtre dans la chambre de miss Ellen, la jeune fille à qui il avait arraché l'Irlandaise et qui s'était trouvée sans force et sans énergie devant l'audace de cet homme dont le regard la fascinait et l'épouvantait en même temps, la jeune fille, disons-nous, était demeurée en proie à une singulière prostration.

On eût dit une colombe longtemps poursuivie par un épervier, ou bien un de ces malheureux oiseaux charmés par un reptile et que le reptile a dédaigné, au dernier moment, d'engloutir.

Miss Ellen, quand le jour parut, était encore là, pâle, frémissante, l'oeil éteint, à demi-couchée dans un fauteuil auprès de la fenêtre ouverte.

Quel était cet homme qui avait osé la braver, qui l'avait tenue palpitante et courbée sous son regard?

Et pourquoi n'avait-elle pas osé appeler ses gens?

C'était là un mystère pour elle-même.

Il ne fallut rien moins qu'un bruit qui se fit au dehors pour l'arracher à demi à l'anéantissement dans lequel elle était plongée.

Ce bruit, c'était le pas précipité de son père, qui ouvrit brusquement la porte, signe qu'il était en proie à une violente agitation, car jamais il n'entrait chez sa fille sans frapper.

En effet, lord Palmure était fort rouge et ses vêtements en désordre et souillés de boue attestaient qu'il avait soutenu une lutte.

—Mon père! dit miss Ellen.

Elle essaya de se lever; mais les forces lui manquèrent: la fascination existait encore.

—Oh! les bandits, oh! les misérables! disait le noble lord avec un accent de rage.

—De qui parlez-vous, mon père? demanda miss Ellen qui leva sur lui un regard sans chaleur.

—De qui je parle? exclama lord Palmure. Je parle de ces Irlandais, de ces fenians, comme on les nomme, et qui ont eu l'audace de s'emparer de votre père, de lui appliquer un masque de poix sur le visage et de le garrotter.

Et lord Palmure, trop ému lui-même pour s'apercevoir de la pâleur de sa fille, raconta ce qui lui était arrivé.

On l'avait saisi, étouffé, garrotté, rendu aveugle et muet, et on l'avait jeté dans un coin du jardin, où il serait mort étouffé, si, au petit jour, mistress Fanoche et sa servante ne l'avaient trouvé et délivré.

Et quand il eut fini le récit de sa mésaventure, miss Ellen lui dit froidement:

—Je sais quel est l'homme qui vous a traité ainsi, mon père.

—Vous le savez?

—C'est le même qui est venu ici.

—Quand?

—Cette nuit.

—Êtes-vous folle, Ellen?

—Et qui a emmené l'Irlandaise.

Et, à son tour, miss Ellen raconta ce qui s'était passé.

—Mais comment est-il entré?

—Par la fenêtre.

—Et vous n'avez pas crié?

—Non.

—Appelé vos gens?

—Je ne l'ai pas pu. Cet homme a un regard qui terrasse!

Lord Palmure connaissait sa fille; il la savait hautaine, impérieuse, douée de courage. En la retrouvant en cet état, il comprit que l'homme dont elle parlait avait dû exercer sur elle un prodigieux ascendant.

Lord Palmure avait deux partis à prendre.

S'en aller à Scotland-Yard, le jour même, porter plainte et mettre la police sur pied.

Ou bien garder le secret de sa mésaventure et se borner à faire rechercher par la police le petit Irlandais.

Pourquoi s'arrêta-t-il à ce dernier?

Peut-être miss Ellen aurait pu le dire.

Toujours est-il que deux jours s'écoulèrent et que le dimanche arriva.

Miss Ellen s'était dit:

—Cet homme et moi nous nous sommes déclaré la guerre. La lutte doit être entre nous, et je serai forte, car je le hais de toutes les puissances de mon âme.

Elle était donc sortie le dimanche à cheval et nous l'avons vu croiser l'homme gris qu'elle avait reconnu sur-le-champ, et commander à son groom de le suivre jusqu'à ce qu'il eût appris où il demeurait.

Il n'y avait pas dix minutes qu'elle avait donné cet ordre, lorsqu'elle entendit retentir derrière elle le galop d'un cheval.

Elle se retourna et vit le groom de l'homme gris.

Le groom s'approcha et lui remit le billet.

Un frémissement nerveux parcourut tout le corps de l'altière jeune fille.

—Il ose m'écrire! murmura-t-elle. Ah! c'en est trop.

Une invincible curiosité la poussa cependant à prendre le billet et à le parcourir des yeux.

L'homme gris avait l'audace de lui annoncer sa visite pour le soir même, à minuit.

Miss Ellen eut un rugissement de lionne blessée; elle déchira le billet en mille morceaux et les jeta au vent.

Puis comme le groom faisait mine de s'en aller, elle le retint d'un geste impérieux.

—Veux-tu faire ta fortune? dit-elle.

Le groom la regarda.

—Quel est l'homme qui t'a remis ce billet?

—C'est mon maître.

— Son nom?

Le groom se prit à sourire:

—Je ne le sais pas, dit-il.

Elle prit sa bourse, qui était pleine d'or, et la lui tendit:

—Parle! répéta-t-elle.

Le groom n'allongea pas la main.

—Si tu me dis où est ton maître et où il demeure, dit encore miss Ellen, je te donne mille livres.

Le groom secoua la tête.

—Je suis riche, très-riche, je puis te donner le double, le triple de cette somme.

—Milady, répondit froidement le groom, si riche que vous soyez, mon maître l'est plus que vous, et les gens qui le servent ne le trahissent point.

Il salua, donna un coup de cravache à son poney et s'éloigna au galop.

—Mais quel est donc cet homme? murmura miss Ellen, qui sentit des larmes de rage rouler dans ses yeux.

Elle rentra toute frémissante et trouva lord Palmure.

Celui-ci paraissait rayonnant.

—L'enfant est retrouvé, dit-il.

—L'enfant?

—Oui. Il est emprisonné dans une cour de police, le magistrat sort d'ici.

—Eh bien?

—Demain j'irai directement à son audience, et il me le rendra.

Miss Ellen secoua la tête.

—Pourquoi ne le réclamez-vous pas tout de suite?

—Parce que l'enfant est tombé dans les mains d'une bande de voleurs, et qu'il faut qu'il comparaisse devant le magistrat, en audience publique, avant que je puisse me le faire rendre.

—Demain, dit miss Ellen, il sera peut-être trop tard...

—Trop tard, dis-tu?

—Oui.

—Mais...

—Écoutez-moi, mon père, reprit miss Ellen, je ne puis m'expliquer davantage, mais croyez que ce n'est ni à des vagabonds, ni à des mendiants que nous avons à faire. Un homme peut-être aussi noble, peut-être aussi riche que vous, nous a jeté le gant...

—Que veux-tu dire?

—Rien, dit-elle, je m'entends.

Puis tout à coup, prenant la main de son père:

—Êtes-vous homme à me croire?

—Sans doute.

—A m'écouter?

—Parle...

—A... intervertir les rôles?

—Que signifient ces paroles?

—A m'obéir, dit froidement mis Ellen.

Et à son tour elle fascina son père du regard.

—Parle, je ferai ce que tu voudras, dit lord Palmure, qui baissa instinctivement la tête.

XXIV

Miss Ellen avait quelque chose de solennel et de fatal dans le geste, l'attitude et le regard, qui subjugua lord Palmure.

—Mon père, dit-elle, ne me questionnez pas et promettez-moi de faire ce que je vous demanderai.

—Soit, dit le membre de la Chambre haute.

Elle le prit par la main et le conduisit dans une galerie qui mettait en communication leurs deux appartements.

Cette galerie aboutissait d'une part à la chambre à coucher de miss Ellen.

De l'autre, elle ouvrait sur une vaste pièce, dont lord Palmure avait fait son cabinet de travail.

Ce fut dans cette dernière que miss Ellen s'arrêta.

—Ce soir, un peu avant minuit reprit-elle, je désire que vous vous trouviez ici.

—Bon.

—Avec deux domestiques sûrs et dévoués.

—Après?

—Armés jusqu'aux dents.

—Pourquoi faire? demanda lord Palmure qui tressaillit.

—Attendez, reprit miss Ellen. Vous laisserez ouverte la porte de la galerie.

—Et puis?

—L'oreille tendue, vous attendrez...

—Mais à quoi bon tout cela?

—Vous m'avez promis de ne pas m'interroger, mon père.

—Soit, dit lord Palmure en courbant la tête.

—Si tout à coup, poursuivit miss Ellen, vous entendez un coup de pistolet dans ma chambre.

—Un coup de pistolet? dit lord Palmure en pâlissant.

—Oh! rassurez-vous, répondit miss Ellen qui se prit à sourire, c'est moi qui le tirerai.

—Mais...

—J'ai votre promesse, mon père.

—Eh bien! si j'entends un coup de pistolet?

—Accourez avec vos deux serviteurs; si la porte est fermée, enfoncez-la... vous verrez bien ce que vous aurez à faire.

Et miss Ellen ne voulut pas s'expliquer davantage, et, forte de la parole que son père lui avait donnée, elle se réfugia dans un mutisme absolu.

Elle trouva même son humeur habituelle pendant le souper, et se retira dans sa chambre vers onze heures.

Elle avait renvoyé ses femmes, leur défendant de revenir avant qu'elle ne les appelât.

Elle était seule.

Celui qui l'eût vue en ce moment, l'eût trouvée d'une pâleur étrange; mais il eût saisi dans son regard et dans son attitude l'expression d'une volonté de fer.

Miss Ellen était résolue à la lutte.

Elle alla vers un petit meuble en bois de citronnier qui se trouvait entre les deux croisées.

Dans ce meuble qu'elle ouvrit, il y avait une boite en ébène qui renfermait deux de ces mignons pistolets à crosse d'ivoire que certaines femmes un peu cavalières se plaisent à étaler sur le marbre d'une cheminée.

Miss Ellen prit cette boîte et se mit à vérifier l'amorce des pistolets qui étaient chargés.

Les capsules étaient brillantes.

La baguette qu'elle coula successivement dans chaque canon rendit un bruit mat en rencontrant la balle.

—A nous deux donc! murmura-t-elle.

Elle remit la boîte vide dans le meuble et glissa les pistolets dans la poche de sa robe.

Puis, au lieu de s'asseoir auprès du feu, elle ouvrit une des croisées, lesquelles on s'en souvient, donnaient sur le jardin.

Et, assise près de cette croisée, elle attendit.

La nuit était silencieuse, le jardin désert.

Cependant, c'était par le jardin que l'homme gris était déjà venu.

D'ailleurs comment aurait-il trouvé un autre chemin?

Miss Ellen demeura donc les yeux fixés sur le jardin, prêtant l'oreille au moindre bruit et croyant toujours voir une ombre s'agiter dans l'éloignement.

Mais rien ne bougeait, aucun bruit ne se faisait entendre.

Une heure s'écoula.

Soudain la pendule de la cheminée sonna.

—Minuit! dit miss Ellen. Il ose me faire attendre...

En même temps, elle tourna les yeux vers la cheminée...

Certes, en ce moment, l'apparition de la tête de Méduse, chantée par les anciens, n'eût pas produit un plus grand effet d'épouvante sur miss Ellen.

Dans cette chambre où elle se croyait seule, adossé à la cheminée, il y avait un homme calme et froid qui la regardait en souriant.

Et cet homme, c'était *lui*.

Lui, l'homme gris, le personnage mystérieux qu'elle croyait devoir entrer chez elle comme l'avant-veille, par la fenêtre.

Elle voulut crier; mais sa gorge crispée ne rendit aucun son.

Elle se leva et voulut marcher vers lui.

Ses jambes refusèrent de la porter.

L'homme gris continuait à sourire.

Par où était-il entré? et passait-il donc comme une ombre à travers les murs et les portes fermées...

—Vous! vous! dit-elle enfin d'une voix étranglée.

—Ne vous avais-je pas annoncé ma visite, miss Ellen? dit-il d'une voix douce et empreinte d'un charme mystérieux... Je suis venu voir si vous étiez satisfaite.

Elle se roidit et eut un geste hautain:

—Et de quoi donc serais-je satisfaite? dit-elle.

—J'ai tenu ma parole.

—En vérité!

—Et votre père est revenu sain et sauf.

—Monsieur, dit miss Ellen avec un accent de rage froide, puisque vous êtes ici, peut-être daignerez-vous me dire par où vous êtes venu.

—Je suis entré par la porte, miss Ellen.

—Ah!

—J'ai même des amis chez vous.

—Ah! quelle audace!

—Et je viens vous faire une proposition, miss Ellen.

Quelque effort qu'elle fît, elle se sentait trembler de nouveau sous le regard de cet homme.

—Je vous écoute, dit-elle avec un accent d'amère ironie.

—Votre père a l'intention de réclamer demain le fils de l'Irlandaise, à la station de police de Kilburn.

Elle recula frémissante.

—Ah! vous savez aussi cela?

—Je sais tout. Eh bien! je viens vous prier de l'en empêcher.

—Moi!

—Vous, miss Ellen.

—Et pourquoi cela? fit-elle avec hauteur.

—Parce que cela me plaît, dit-il.

Cette fois miss Ellen parvint à rompre le charme, l'espace de quelques minutes.

Son regard affronta le regard de l'homme gris, et elle lui dit:

—A votre tour à m'écouter, monsieur.

—Parlez, mademoiselle.

—Je veux savoir qui vous êtes...

—Ah!

—Pourquoi vous avez l'audace d'entrer chez moi...

—En vérité!

—Et je vous donne dix secondes de réflexion.

—Et, au bout de ces dix secondes?

—Je ne réponds plus de votre vie.

Et ce disant, miss Ellen tira un des pistolets, l'éleva à la hauteur du front de l'homme gris et s'écria:

—Parlez! ou je vous tue...

Ils étaient séparés par une distance de quelques pas, et le poignard de l'homme gris était impuissant à le protéger.

—Parlez, répéta froidement miss Ellen, ou je je fais feu!

XXV

Devant ce pistolet, braqué sur lui, l'homme gris ne sourcilla point; le sourire n'abandonna point ses lèvres et il croisa tranquillement les bras sur sa poitrine.

Ce calme exaspéra miss Ellen.

Elle pressa la détente et le chien s'abattit.

Mais le coup ne partit pas, l'amorce n'avait pas brûlé.

Miss Ellen eut un cri de rage.

Elle se saisit du second pistolet, ajusta de nouveau l'homme gris qui n'avait point bougé et pressa la détente de nouveau.

Le même résultat se produisit.

Alors, d'un bond, l'homme fut près d'elle.

Cette fois, il avait un poignard à la main.

—Si vous jetez un cri, dit-il, ce n'est pas vous que je tuerai, c'est votre père qui est à deux pas d'ici et qui viendra à votre secours, s'il entend du bruit.

Miss Ellen eût peut-être bravé la mort elle-même, tant elle était exaspérée.

Mais la menace concernant son père la rendit muette et tremblante, et le charme fascinateur de cet homme reprit toute sa puissance.

—Que voulez-vous donc de moi? dit-elle.

Et elle courba la tête et frissonna par tout le corps.

—Je veux causer avec vous, dit l'homme gris.

Et il la prit par la main.

La jeune fille avait une tempête dans le coeur, et si le regard tuait, l'homme gris fût tombé roide mort, au moment où il osa prendre sa main pour la conduire vers un fauteuil dans lequel il la fit asseoir.

Puis il demeura debout devant elle:

—Miss Ellen, lui dit-il alors, j'avais raison de vous dire tout à l'heure que j'avais des intelligences jusque dans votre maison. Vous venez d'en avoir la preuve. Vous avez tiré sur moi et vos pistolets n'ont pas pris feu. Vous devinez, n'est-ce pas, qu'une main dévouée et invisible avait préparé ce résultat?

Maintenant, causons, si vous le voulez bien?

Elle ne répondit pas et attendit.

—Miss Ellen, continua l'homme gris, je viens vous offrir la paix ou la guerre. A vous de choisir.

La paix, c'est l'abstention de votre père et la vôtre dans les affaires dont vous ne vous êtes que trop mêlés.

Rejetons dégénérés d'une race vénérée par l'Irlande, vous avez trahi la plus noble des causes.

Cette fois miss Ellen fit un effort suprême, elle redressa la tête et soutint le regard de l'homme gris.

—Continuez, dit-elle.

—Votre père a trahi l'Irlande et livré son frère, dit encore l'homme gris.

—Mon père n'est plus Irlandais, répondit miss Ellen; il est Anglais.

—Soit. Eh bien! si vous voulez la paix, poursuivit-il, nous ne demandons pas mieux. Votre père continuera à vivre riche, honoré, à siéger au parlement.

—Vraiment! vous nous le permettrez? fit-elle avec ironie.

—Nous vous pardonnerons la mort de sir Edmund, votre oncle; nous vous laisserons jouir en paix de votre immense fortune.

—En vérité?

—Mais vous ne chercherez point à vous emparer du fils de sir Edmund. C'est le chef que l'Irlande attend avec patience et courage. C'est sur cette tête de dix ans qu'elle a mis tout son espoir.

Miss Ellen affronta de nouveau le regard de l'homme gris.

—Ainsi donc, dit-elle, voilà vos conditions de paix?

—Oui, miss.

—Ce matin encore, reprit-elle d'une voix ironique et mordante, je me demandais qui vous pouviez être. A présent, je le sais...

—Ah! vous le savez, miss?

—Vous êtes une manière de vice-roi d'Irlande, poursuivit-elle.

—Peut-être...

—Un des chefs de ce gouvernement occulte de cette association de bandits déguenillés qui ont déclaré la guerre à l'Angleterre.

—Cela est possible, miss.

La jeune fille s'enhardissait peu à peu en parlant.

—Maintenant, dit-elle, veuillez me dire à quel prix nous aurons la guerre.

—Si vous réclamez l'enfant.

—Ah!

—Si vous essayez de lutter contre nous.

—Fort bien.

—Si enfin vous vous mêlez d'une façon quelconque des affaires de l'Irlande.

Miss Ellen se redressa impérieuse, les yeux pleins d'éclairs:

—Eh bien! dit-elle, nous acceptons la guerre.

Et elle soutint l'éclat du regard de l'homme gris.

—Comme vous voudrez, dit froidement celui-ci. Adieu, miss Ellen.

—Non, au revoir, fit-elle.

—Oui, répéta-t-il.

Et d'un bond, il fut auprès de la croisée ouverte et sauta dans le jardin.

Une heure après, l'homme gris était en conférence avec le jeune prêtre irlandais, les trois chefs qui avaient pu se réunir,—car le quatrième manquait toujours à l'appel,—et la pauvre mère qui redemandait toujours son fils.

—Écoutez-moi bien, disait-il, pour que l'enfant soit à nous, il faut qu'il soit perdu pour tout le monde.

Un homme qui est haut et puissant, un homme qui siége au parlement, lord Palmure...

—Le traître? dirent les trois chefs.

—Oui, l'homme qui a laissé son frère sir Edmund périr sur un échafaud, cet homme se présentera demain à la cour de police de Kilburn, et il osera le réclamer comme son neveu.

—Mais je le réclamerai comme sa mère, moi, dit l'Irlandaise.

—On le rendrait à lord Palmure si vous ne le réclamiez pas, vous, dit l'homme gris.

—Et pourquoi ne me le rendra-t-on pas, à moi? fit la pauvre mère.

—Parce que vous êtes une Irlandaise, une femme du peuple, moins que rien, aux yeux des Anglais.

—Que fera-t-on donc de lui, mon Dieu!

—On l'enverra au moulin comme voleur.

L'Irlandaise cacha son visage dans ses mains.

—Mon enfant, lui dit l'homme gris en lui prenant la main, voulez-vous donc que votre fils soit élevé par les traîtres dans la haine et le mépris de la patrie?

Elle se redressa l'oeil en feu:

—Non, non, dit-elle, qu'il meure plutôt.

—Il ne mourra pas, et je vous le rendrai.

—Mais quand?

—Quand il sera au moulin.

Elle le regarda d'un air anxieux.

—Avez-vous donc le pouvoir, dit-elle, d'ouvrir les portes d'une prison?

—Oui.

Et il prononça ce mot avec un tel accent de conviction que l'Irlandaise s'inclina.

Alors, l'abbé Samuel, muet jusque-là, prit à son tour la parole:

—Ma fille, dit-il, souvenez-vous des dernières paroles de sir Edmund, votre époux, et soyez forte!

—Je le serai, répondit-elle.

—A demain donc, fit l'homme gris, nous nous retrouverons à la cour de police de Kilburn.

—Mais, dit le chef américain, la fille du magistrat vous reconnaîtra?

—Non, dit-il, quand je le veux, je ne me ressemble plus, et je sais me déguiser de telle sorte que nul ne pourrait me reconnaître.

Et l'homme gris se leva, ajoutant:

—Nous pouvons compter sur la déposition de Suzannah, et lord Palmure n'aura pas l'enfant.

XXVI

En France, le dimanche matin a un air de fête.

En Angleterre, c'est le lundi matin qui revêt cette physionomie.

Les magasins se sont rouverts et les bibles se sont fermées.

Ce long et triste jour que, par habitude plus que par croyance, par ostentation plutôt que par esprit religieux, l'Anglais passe enfermé chez lui, est passé.

L'Anglais, commerçant avant tout, salue donc le lundi matin, le retour des affaires, et il se dédommage le verre en main de l'abstinence de la veille.

Les public-houses ne désemplissent pas dès huit heures.

Le dimanche est un jour qui altère.

La vapeur siffle joyeusement sur tous les railways, les cabs et les hansons roulent à grand bruit dans les quartiers les plus paisibles, et le peuple, qui est avide de procès, d'émotions de jugements de toutes sortes, envahit, dès dix heures du matin, les tribunaux et les cours de police.

La justice, ayant chômé un jour, doit avoir une double besogne le lundi.

Or donc, ce lundi-là, dans le paisible quartier de Kilburn, bien avant dix heures, les abords de la cour de police où trônait M. Booth avaient été envahis.

La tentative de vol et de meurtre dont Kilburn-square avait été le théâtre dans la nuit du samedi au dimanche, avait mis en rumeur tous les environs.

On s'était raconté l'histoire du petit Irlandais, et l'opinion publique était divisée en deux courants contraires.

Les uns étaient pour qu'on mît l'enfant en liberté.

Les autres, pour qu'on le condamnât à la prison et qu'on l'envoyât à Cold Bath field.

M. Booth, tranquillement assis dans la salle à manger, achevait son déjeuner et beurrait sa dernière tartine, tout en causant avec sa fille, la jolie Katt, tandis que la foule se pressait au dehors.

Tout en déjeunant, il classait des notes et dégrossissait sa besogne.

—Ainsi, petit père, dit Katt, le noble lord va venir réclamer l'enfant.

—Oui, dit M. Booth, mais une nouvelle difficulté s'élève.

—Ah! mon Dieu!

—Cette difficulté, c'est la déposition de la voleuse Suzannah, qui a été interrogée ce matin par un magistrat, et dont on vient de me transmettre l'interrogatoire.

—Eh bien? dit Katt, que prétend-elle, cette Suzannah!

—Que le petit Irlandais est le fils d'une femme appelée Jenny, et qui est sa compatriote à elle, Suzannah.

—Bon.

—Suzannah affirme que Jenny l'Irlandaise avait mis son fils en apprentissage chez elle. Tu comprends ce que veut dire ce mot: *apprentissage*, ma petite Katt, dit M. Booth. La mère, qui est une Irlandaise, avait confié son fils à Suzannah pour qu'elle en fît un petit voleur.

—Soit, dit Katt, mais que peut la déposition d'une fille perdue comme cette Suzannah, alors qu'un noble lord viendra?...

—Si le noble lord se présente seul, je passerai outre à la déposition de Suzannah.

—Et vous rendrez l'enfant, petit père?

—Oui, mais si la mère se présente aussi...

—Eh bien?

—Et que je sois obligé de l'interroger, et que ses réponses concordent avec celles de Suzannah...

—Oh! mon Dieu! fit Katt frissonnante.

En ce moment Toby le secrétaire entra et dit:

—Dix heures vont sonner, Votre Honneur.

—Eh bien, répondit M. Booth, nous allons ouvrir les portes.

M. Booth se leva, passa par-dessus son habit une grande robe noire, et attacha un rabat blanc autour de son cou.

Puis il se dirigea vers le prétoire dans lequel se trouvaient les policemen de service.

Quelques minutes après, les portes de la cour de justice s'ouvraient au public et on apercevait M. Booth, la toque en tête, majestueusement assis devant son bureau.

—Qu'on amène le prisonnier, dit-il.

La foule avait envahi tous les bancs du prétoire, et ceux qui n'avaient pu s'asseoir se dressaient sur la pointe des pieds pour mieux voir.

La curiosité était dans la salle; mais elle était aussi au dehors.

On avait vu un carrosse armorié, conduit par un cocher poudré, aux étrivières duquel pendaient deux laquais en bas de soie, s'arrêter à la porte de la cour de police, et un gentleman en descendre.

Un homme du peuple avait dit:

—Sir lord Palmure, un membre de la chambre haute. Et la foule s'était demandée ce que pouvait venir faire lord Palmure à Kilburn.

Mais l'attention, la curiosité universelle furent bientôt attirées et concentrées par le prisonnier.

Quand on vit cet enfant au bras en écharpe apparaître dans le carré de fer qui est le banc des prévenus, un murmure de compassion se fit entendre.

—Comment vous nommez-vous? dit M. Booth.

—Ralph, répondit l'enfant, d'une voix douce.

En même temps son oeil bleu errait sur cette foule semblant y chercher quelqu'un.

—Vous êtes Irlandais? dit encore M. Booth.

—Oui, monsieur.

—Où sont vos parents?

L'enfant allait commencer son récit; mais M. Booth l'interrompit d'un geste.

Et, s'adressant à l'auditoire:

—Quelqu'un ici veut-il se porter caution de ce petit malheureux? dit-il.

—Moi, répondit une voix.

Et l'on vit lord Palmure fendre la foule et s'avancer vers le bureau de M. Booth.

—Vous connaissez cet enfant, milord? dit le magistrat.

—Oui, répondit lord Palmure.

—Et vous, Ralph, dit M. Booth, connaissez-vous Son Honneur?

L'enfant regarda lord Palmure et répondit résolument:

—Non!

—Peu importe! reprit le magistrat, si Son Honneur daigne s'intéresser à vous...

L'enfant ne répondit que par un cri.

Un cri, suivi d'un autre cri qui se fit entendre dans le fond de la salle.

L'enfant tendait les deux mains en disant:

—Ma mère!

Une femme s'approchait en répétant:

—C'est mon fils! rendez-le moi!

—Qui êtes-vous? dit le magistrat.

—Je me nomme Jenny, répondit cette femme.

—Vous êtes la mère de cet enfant?

—Oui, Votre Honneur.

—C'est vrai, dit lord Palmure.

—Jenny, dit froidement M. Booth, la loi me force à vous interroger. Prenez bien garde à ce que vous allez dire. Des explications que vous allez me donner dépend la liberté de votre fils que Son Honneur veut bien réclamer.

Mais Jenny s'écria:

—Monsieur le juge, envoyez mon fils en prison, plutôt que de le confier à cet homme.

Ces mots furent un coup de tonnerre.

Jenny ajouta:

—Cet homme a voulu me séduire, et il espère, en ayant mon fils...

Un murmure menaçant s'éleva de toutes parts, et couvrit la voix de l'Irlandaise, en même temps que celle de lord Palmure qui disait:

—Cette femme ment!

Le peuple prendra toujours parti pour le peuple; on crut aux paroles de l'Irlandaise, on hua le noble lord, et ce ne fut qu'à grand peine, et en invoquant le respect dû à la loi, que M. Booth put rétablir le silence.

Lord Palmure s'était prudemment éclipsé.

—Femme Jenny, dit alors le magistrat, vous reconnaissez être la mère de cet enfant.

—Oui, monsieur.

—Connaissez-vous une Irlandaise du nom de Suzannah?

—C'est ma cousine, répondit Jenny.

—Avouez-vous lui avoir confié votre fils.

—Oui, monsieur.

Alors M. Booth lut à haute voix la déposition de Suzannah.

Puis il se couvrit et prononça un jugement qui condamnait Ralph l'Irlandais à être enfermé pendant cinq ans à Cold Bath field.

L'Irlandaise poussa un cri et tomba évanouie dans les bras de l'homme gris, qui lui dit à l'oreille:

—Courage! dans huit jours vous aurez votre enfant. Nous avons gagné une rude partie aujourd'hui, puisque nous l'avons arraché à lord Palmure, le traître!

DEUXIÈME PARTIE

LE MOULIN SANS EAU

I

En anglais, Cold Bath field signifie la prairie des bains froids.

Ce nom n'a rien de lugubre.

Eh bien! prononcez-le dans le Brook street, ou bien dans une de ces tavernes sans nom de White-Chapel ou du Wapping que fréquentent les gens sans aveu, et vous verrez les visages pâlir, et les plus hardis compagnons frissonner.

C'est à Cold Bath field, à Bath square, comme les Anglais appellent ce lieu sinistre, par abréviation, que tourne le moulin sans eau, le *tread mill*.

La libre Angleterre a des raffineries de supplice qu'ignore le monde.

Dans l'Inde, elle attache des hommes à la bouche d'un canon. A Londres, elle envoie les voleurs au moulin.

Qu'on se figure un gigantesque cylindre à deux étages divisé par petites cases.

Dans chacune de ces cases est un condamné.

Le condamné est suspendu par les mains à une barre transversale et immobile.

Les pieds pendent dans le vide.

Croyant trouver un point d'appui, il les pose sur une palette qui est un parallèle à la barre.

Mais la palette fuit sous le pied; une autre lui succède, et fuit encore, et encore une autre, et mille autres ainsi: c'est le cylindre qui tourne, et les deux pieds du condamné jouent le rôle de l'eau qui tombe dans les godets d'une roue de moulin.

Si le condamné s'arrêtait avant qu'on ait arrêté la machine, il aurait les jambes broyées.

Le cylindre s'arrête tous les quarts d'heure.

Alors le condamné, en sueur, exténué, sans haleine, descend de son banc de supplice, remet son bonnet de police à galon jaune et s'assied sur un escabeau qu'un autre condamné occupait tout à l'heure.

Ce dernier a pris sa place et l'infernale machine se remet à tourner.

Cold Bath field est une vieille prison; elle est située dans le comté de Midlessex et administrée par un gouverneur qui est un capitaine de l'armée de terre.

Mais l'Angleterre n'aime ni les vieux monuments, ni les vieilles rues; elle transforme tout peu à peu.

Dans l'enceinte de la vieille prison, elle construit une prison toute neuve, démolissant l'ancienne au fur et à mesure.

Il y a bien des années déjà que dure ce travail, et le quartier a pris à ces travaux une physionomie des plus animées.

Il s'est ouvert des public-houses dans toutes les rues voisines, à l'usage des ouvriers libres qui travaillent dans la prison, et la vieille taverne de Queen's justice n'a pas gagné un buveur.

Cet établissement qui s'intitule pompeusement la *Justice de la reine*, est d'un aspect aussi sinistre que la prison.

C'est la taverne des guichetiers, des parents qui sont admis à voir les condamnés, et des condamnés eux-mêmes qui, le jour de leur libération, font un repas somptueux sous les voûtes de ce bouge.

Les ouvriers n'y vont pas.

Rarement un rough qui n'a rien eu encore à démêler avec la justice en franchit le seuil.

Il y a un proverbe accrédité dans le quartier qui dit: Ne jouez pas avec la justice de la reine, ça porte malheur!

Le land-lord de Queen's justice est un ancien guichetier congédié sans retraite ni indemnité.

Son affaire n'a jamais été claire. On a toujours prétendu qu'il avait favorisé l'évasion d'un prisonnier, mais on n'a pu le prouver.

Si on l'eut prouvé, il eut été condamné, et les portes de la prison ne se fussent point ouvertes devant lui.

Le land-lord se nomme Fang.

Vu son nom de guichetier, le mot *fang* signifiant *griffe* en anglais.

Master Fang a pris pour garçons de taverne deux prisonniers libérés, ce qui fait dire aux ouvriers, qu'on peut, à Queen's tavern, boire un verre de gin et perdre son mouchoir.

Master Fang se moque de ces calomnies, le premier vendredi du mois, surtout, qui est le jour où les prisonniers qui se sont bien conduits peuvent se rendre au parloir et y voir leurs parents.

Ce jour-là, de midi à trois heures son établissement ne désemplit pas.

Les parents se pressent autour du poêle, et les guichetiers viennent en courant, boire un verre de sherry.

Or donc, le vendredi qui suivit l'audience de la cour de police de Kilburn, audience dans laquelle l'honorable M. Booth avait condamné le petit Ralph à être enfermé à Cold Bath field jusqu'à l'âge de quinze ans, il y avait beaucoup de monde dans Queen's tavern justice; de pauvres gens pour la plupart.

Des femmes dégueunillées, des hommes en haillons, des enfants pieds nus.

Au milieu de tout ce monde, qui parlait haut et avec volubilité, ne ménageant les injures ni aux magistrats qui condamnent ni aux policemen qui arrêtent les voleurs, un homme passait grave et serein, comme un demi-dieu au milieu d'humbles mortels.

Master Fang avait eu pour lui un sourire; cet homme lui avait serré la main.

Ce personnage était vêtu d'une tunique verte et d'un pantalon gris; il portait une petite casquette à visière, ornée d'un galon jaune, et à la taille une sorte de giberne serrée par une ceinture de cuir verni.

Il avait à la main une grosse clef.

Voilà pour l'accoutrement: passons au physique.

C'était un gros homme rougeaud, aux cheveux grisonnants, aux petits yeux verts, trapu, et doué d'une force herculéenne.

Ce personnage était le portier-consigne de la prison.

Le rough établit des nuances entre les hommes avec un merveilleux discernement.

Le guichetier ordinaire est une manière de prisonnier.

Il est en contact direct et de tous les instants avec les condamnés.

Les clefs qu'il porte à la ceinture n'ouvrent que les portes intérieures de la prison.

Son pouvoir meurt à la grille du portier-consigne.

Celui-ci est un homme libre; de sa fenêtre il voit la rue; à chaque instant, il parle à des hommes libres.

Ce n'est plus un bourreau, c'est un homme libre.

Il est bon homme, il est serviable et concilie quelquefois l'humanité avec les règlements.

Il s'intéresse à tel ou tel prisonnier, et lui fait passer quelques douceurs apportées par les parents.

Master Pin, tel est son surnom, car son vrai nom, les gens du dehors l'ignorent, vient à Queen's tavern tous les jours, mais surtout les vendredis.

On lui a remis le matin la liste des prisonniers qui pourront aller au parloir, il a cette liste dans sa poche, et il dit aux parents: «Vous pouvez vous en aller, votre homme a été puni» ou bien «vous verrez le petit il est sur la liste.»

Donc, Master Pin se promenait à travers la foule grouillante de Queen's tavern, lorsqu'un homme qui s'était tenu immobile dans un coin jusque-là, vint à lui et le salua de ses paroles:

—Bonjour, mon cousin.

Master Pin était fier.

Il fit un pas en arrière et considéra son interlocuteur qui était une manière de géant en guenilles.

—Qui donc es-tu? fit-il.

—Je suis votre cousin.

—Hein? fit le portier-consigne.

—Aussi vrai que nous voyons d'ici les noires murailles de Cold Bath field, reprit cet homme, nous sommes enfants de frère.

Le portier-consigne le regardait toujours.

—Je me nomme John Colden, dit l'homme déguenillé.

—C'est ma foi vrai, que nous sommes cousins, en ce cas, dit master Pin qui ne put réprimer une légère grimace.

Et il tendit la main à John Colden.

II

Le portier-consigne de Cold Bath field avait donc reçu le surnom de Pin.

En anglais, Pin veut dire *clavette*.

Dans la fermeture d'une porte, d'une devanture de boutique, la clavette est cette cheville ouvrière qui termine l'oeuvre.

Master Pin n'avait pas les clefs du dedans de la prison; mais il avait celle du dehors.

Telle était l'origine de son sobriquet.

Or donc, master Pin, qui était Irlandais, mais qui cachait avec soin sa nationalité, éprouva un premier mouvement de dépit à la vue de ce gaillard en haillons qui revendiquait l'honneur de sa parenté.

Mais ce n'était pas un méchant homme, après tout, et il était même assez religieux à l'endroit des liens de famille.

C'est pourquoi il tendit la main à John Colden et lui dit:

—Qu'est-ce que tu viens faire ici?

—A vous dire la vraie vérité, mon cher, répondit John Colden, je suis venu dans l'espérance de vous y rencontrer.

Master Pin jeta un nouveau regard sur les guenilles de son cousin.

—Tu es malheureux, dit-il, je le vois bien. Mais, mon cher, en dépit du bel habit que je porte, je ne suis pas heureux non plus, moi; j'ai femme et enfant, et un petit traitement, un traitement bien petit, mon cher.

John Colden baissa la voix:

—Je sais parfaitement cela, dit-il, et je ne viens pas frapper à la porte de votre bourse.

—Ah! fit master Pin, dont le front se dérida. Penses-tu que je puisse te rendre service?

—Certainement, dit John Colden, et sans qu'il vous faille pour cela dépenser un penny.

—Tu boiras bien toujours avec moi un verre de gin, dit le portier-consigne ravi de cette discrétion.

Et il entraîna John Colden dans le parloir où il n'y avait personne et où ils pourraient, par conséquent, causer tout à leur aise.

On apporta deux verres de grog au gin et master Pin reprit:

—Voyons, mon garçon, de quoi s'agit-il? nous sommes enfants de frères, et bien que je n'aie pas à me louer des Irlandais, je ferai tout ce que je pourrai pour toi.

—Vous êtes pourtant Irlandais, dit John Colden.

—Oui, mais je m'en cache...

—Et vous avez raison, répondit John Colden, car depuis quelque temps, ils se sont fait à Londres une bien mauvaise réputation, les Irlandais.

—Je suis enchanté de voir que tu as mon avis, John.

—Si mauvaise, poursuivit John, que du moment où on est Irlandais, on ne trouve plus d'ouvrage nulle part. Car tel que vous me voyez, mon cousin, je ne suis ni un mauvais sujet, ni un fainéant, et vous auriez tort de me juger sur la mine. Mais voici trois mois que je ne puis trouver à travailler.

—Quel est ton état?

—Je suis cordonnier, mais je suis aussi maçon.

—Ah!

—Je préfère même beaucoup ce dernier métier, parce qu'on est en plein air, et puis, qu'on gagne de meilleures journées.

—Ça, c'est vrai.

—Alors, si je me suis décidé à venir vous voir, c'est que j'ai pensé que vous pourriez me faire admettre parmi les ouvriers qui travaillent à la nouvelle prison.

—Cela est facile, dit master Pin, mais il faut que je te dise tout de suite les avantages et les inconvénients de la besogne.

Les avantages, c'est qu'on est bien payé; l'inconvénient, c'est que, lorsqu'on travaille dans certaine partie de la prison, on y reste.

—Comment cela?

—Je vais te le dire. Non-seulement on construit une nouvelle prison, mais on fait des réparations dans l'ancienne. Les règlements s'opposent à ce que les prisonniers aient la moindre relation avec les gens du dehors; mais si des maçons travaillent dans les cours ou dans les salles, on aurait beau multiplier le nombre des travailleurs, on n'empêcherait pas un prisonnier de parler à un ouvrier et de lui donner peut-être une lettre pour quelqu'un qui s'intéresse à lui.

On n'avait jamais pensé à tout cela, continua master Pin, jusqu'à l'année dernière.

Mais il est arrivé qu'un prisonnier s'est évadé et qu'on a soupçonné les ouvriers d'avoir favorisé son évasion.

—Eh bien! dit John Colden d'un air naïf, comment fait-on maintenant?

—Chaque semaine, le samedi matin, on tire au sort ceux des ouvriers qui doivent travailler dans la prison.

—Bon.

—On les tire au sort, parce que personne ne voudrait y aller.

—Et puis?

—Dès lors ils sont prisonniers.

—Pour toujours?

—Non, pour huit jours. On leur ôte leurs habits et on leur en donne qui appartiennent à la maison. Pendant huit jours, ils sont soumis à une discipline sévère. Leur semaine finie, on les lave, on les fouille, et ils ne sortent qu'après avoir été soigneusement examinés.

—Mais, dit John Colden, si un ouvrier désigné par le sort refusait?...

—Ses camarades le chasseraient et il ne trouverait plus d'ouvrage.

—Ma foi! dit John Colden, ça ne m'effraye pas de vivre huit jours sous les verroux.

—Tu n'as pas d'enfants?

—Je ne suis même pas marié.

—Et puis, dit master Pin, il est fort possible que tu aies de la chance et que tu ne tombes jamais au sort.

—Pourvu que je travaille, cela m'est égal.

—Ah! reprit le portier-consigne, j'ai encore une recommandation à te faire.

—Parlez...

—Les Irlandais, tu en conviens toi-même, sont mal vus.

—C'est vrai.

—Je te présenterai au directeur des travaux, comme mon cousin; il est donc inutile que tu parles de notre pays!

—Vous pouvez vous en fier à moi. Et quand me présenterez-vous, mon cousin?

—Ce soir, si tu veux venir ici.

—A quelle heure?

—Entre huit et neuf.

John Colden se leva et serra de nouveau la main de master Pin.

Comme il allait sortir, le portier-consigne le retint.

Est-ce que tu n'as pas un autre vêtement? lui dit-il.

Quand on veut être embauché, il ne faut pas avoir l'air trop misérable.

—J'ai un camarade qui me prêtera son twine, dit John Colden.

—Alors, tout ira bien. A ce soir.

Et John Colden s'en alla et sortit de Queen's tavern.

Quand il fut au coin de la rue, il se retourna, jeta un regard autour de lui pour s'assurer que personne ne faisait attention à lui, et il entra dans un autre public-house, où un homme l'attendait.

Cet homme n'était autre que le voleur Jack, dit l'Oiseau-Bleu.

—Eh bien? fit celui-ci.

—Je crois qu'on m'embauchera demain.

—Alors, dit l'Oiseau-Bleu, je vais te mettre au courant des habitudes de la prison et t'en faire un plan détaillé. Si avec ça tu ne vas pas partout les yeux fermés, c'est que tu ne seras pas le frère de Suzannah, qui est si fine qu'elle connaît la couleur de l'air.

—Je tâcherai de comprendre.

—A propos de Suzannah, ajouta Jack, tu sais que c'est ce soir qu'on la sauve.

-Ah!

—Un fameux homme que ton patron, murmura Jack; quel dommage qu'il ne veuille pas venir avec nous: il serait roi dans le Brook street...

—Parlons du moulin sans eau, dit John Colden, qui parut vouloir éviter toute conversation relative à l'homme gris.

III

Le lendemain, qui était un samedi, comme deux heures sonnaient, une cloche se fit entendre dans les bâtiments en construction de Cold Bath field.

La prison ancienne est à l'ouest; celle qui s'élève lentement à côté et qui est destinée à la remplacer, de telle façon qu'à mesure qu'une partie du nouvel édifice est terminée, on démolit une partie semblable de l'ancien, celle-là, disons-nous, se trouve au nord-est.

Un vaste mur d'enceinte entoure les deux prisons, du reste, et n'a qu'une issue, cette grille dont master Pin, le cousin de John Colden, est portier-consigne.

Chaque matin, le digne fonctionnaire voit les ouvriers entrer un à un.

Il les passe à l'inspection et s'assure qu'aucun d'eux ne porte un objet quelconque frappé de prohibition.

Après la première grille s'ouvre une vaste salle qui est comme l'antichambre commune des deux prisons.

A gauche, une porte de fer munie d'un guichet.

C'est l'entrée de la prison en activité.

A droite il y a une autre porte qui donne sur un préau inachevé.

Là commence la prison nouvelle, celle dans laquelle on travaille et qui n'est pas terminée.

Les ouvriers, en se rendant à leur chantier, passent par cette salle commune, à voûte ogivale, au fond de laquelle se trouve le greffe, et il n'en est pas un dont les regards n'aient été attirés par cette inscription en grosses lettres qui couvre un des murs:

L'amour de l'argent est la source de tous les maux.

Cette maxime, qui est d'une philosophie tout à fait pratique et peint bien le peuple qui a le plus vif amour de la possession et le plus grand respect de la propriété, a toujours fait réfléchir quiconque l'a lue.

Il est fâcheux seulement, qu'au lieu de l'inscrire à l'intérieur d'une prison, où elle est un regret bien plus qu'un avertissement, on ne la grave pas au coin des rues.

Or donc, ce jour-là, samedi, à deux heures, une cloche se fit entendre dans la nouvelle prison.

C'était celle qui annonçait le repos des ouvriers et l'heure du lunch.

Tout Anglais, riche ou pauvre, a l'habitude de luncher.

Le lunch est un goûter, un repas qui se compose de sandwiches, de jambon ou de roastbeef froid et d'un verre de bière brune.

Les ouvriers qui travaillaient dans Cold Bath field se reposaient alors une heure, et il leur était loisible de sortir et d'aller luncher dans les public-houses des environs.

Cependant, ce jour-là, cette autre grille qui s'ouvrait sur la salle du greffe pour les laisser passer, demeura close même après le coup de cloche.

En même temps, habitués sans doute à ce qui allait se passer, les ouvriers se réunirent au milieu du chantier, et des conversations animées s'engagèrent.

Un d'eux cependant se tenait un peu à l'écart et ne parlait à personne.

—Qui est donc celui-là? dit un maçon qui s'appelait Jonathan.

—C'est un nouveau.

—Depuis quand est-il embauché?

—Depuis ce matin.

—Comment s'appelle-t-il?

—John. C'est un protégé de master Pin.

—Ah! ah! il vaudrait mieux que le sort le prît que moi.

—Tu n'as pourtant pas à te plaindre, Jonathan, dit un autre ouvrier.

—Pourquoi donc ça?

—Mais parce que depuis deux ans que tu travailles ici, tu n'es encore allé là-bas qu'une fois...

Et par ces mots *là-bas* l'ouvrier désignait les bâtiments de la vieille prison.

—C'est déjà de trop, dit Jonathan en fronçant le sourcil.

C'était un homme d'un âge mur, un peu pâle, d'aspect chétif et de mine patibulaire.

—Ça te fait donc bien de l'effet, dit un autre, d'aller en prison pour travailler?

—A moi, rien?

Et Jonathan haussa imperceptiblement les épaules.

—Alors pourquoi en as-tu si grand peur?

—Dame! parce que j'ai mes raisons...

—Et... ces raisons?...

Jonathan fit un brusque mouvement; puis s'adressant à l'un des ouvriers:

—Est-ce que tu es marié, toi? dit-il.

—Non.

—Alors tu ne peux pas savoir pourquoi je ne voudrais pas m'en aller huit jours là-bas.

—Hé! dit un autre, nous devinons, tu as une jolie femme, Jonathan.

—Et tu es jaloux, ajouta un troisième.

Jonathan ne protesta point, mais une larme lui vint aux yeux.

—Vous avez raison, dit-il, j'avais une jolie femme et j'ai été jaloux tout comme un autre. Mais, ajouta-t-il en soupirant, je ne le suis plus, hélas!

—Pourquoi donc?

—Parce que ma femme est morte, dit l'ouvrier en baissant la tête.

En même temps cette larme qui brillait dans son oeil roula brusquement sur sa joue amaigrie.

Au lieu de s'expliquer, l'énigme se compliquait au contraire, et il se fit un silence général autour du maçon.

Mais Jonathan en avait trop dit déjà pour ne pas aller jusqu'au bout.

—Je n'ai plus de femme, dit-il..., mais j'ai une fille..., une fille de seize ans, si grande et si belle déjà qu'on lui en donnerait vingt.

Elle travaille dans un magasin de Piccadilly, et tous les soirs, après ma journée, je vais la chercher... comme tous les matins je la conduis moi-même avant de venir ici. Commencez-vous à comprendre, acheva Jonathan, pourquoi je redoute d'aller là-bas? Huit jours séparé de ma fille! Est-ce qu'on peut savoir ce qui arriverait? Elle est jolie, vous dis-je, et Londres n'est que trop plein de gens qui cherchent à faire le mal.

En France, on se fût peut-être moqué de Jonathan.

En Angleterre on est plus grave, et tous ceux à qui il venait de faire cette confidence, prirent part à son anxiété, et avec eux cet homme qui se tenait à l'écart et qui avait tout entendu.

Celui-là, qui n'était autre que John Colden, entré le matin même au chantier par la haute protection de master Pin, s'avança alors vers Jonathan et lui dit:

—Compagnon, je suis ici de ce matin, et si le sort vous désignait, j'accepterais bien d'aller à votre place travailler dans l'intérieur de la prison. Je n'ai ni femme ni enfant qui m'attendent au logis, et ce ne serait pas pour moi une grande privation.

La proposition de John Colden fut accueillie des autres ouvriers par un murmure sympathique.

—Tu es un brave coeur, dit Jonathan en lui tendant la main.

—Un compagnon qui paye noblement sa bienvenue, dirent plusieurs voix.

Soudain, un silence général s'établit, et tous les regards se portèrent vers la grille du préau qui venait de s'ouvrir pour livrer passage à un gros homme qui marchait d'un pas lourd et majestueux, et portait à la main une sorte de calebasse dans laquelle il agitait des petites boules qui toutes portaient un numéro.

—Voilà le hasard qui vient, murmura Jonathan en jetant à John Colden un regard anxieux et suppliant.

IV

John Colden s'était approché de Jonathan et lui disait:

—Comment cela se fait-il, le tirage au sort?

—Vous voyez ce gros homme? répondit Jonathan en montrant le personnage qui venait d'apparaître dans le chantier.

—Oui, c'est le contre-maître des travaux.

—Dans cette calebasse il porte des numéros, continua Jonathan.

—Et il va nous en donner un à chacun.

Puis il appellera chaque numéro en commençant par un.

Je comprends, dit John Colden.

—Si le nombre des ouvriers dont on a besoin dans la prison, à l'intérieur, est de quinze, par exemple, ce seront les quinze premiers numéros qui seront désignés.

—Restez auprès de moi, dit John Colden, ce qui fait que si vous avez un mauvais numéro et moi un bon, nous pourrons changer.

—Vrai, fit Jonathan ému, si j'avais le malheur d'être désigné, vous iriez à ma place?

—Sans doute.

—Pourtant vous ne me connaissez pas...

—Je vous ai vu aujourd'hui pour la première fois.

—Qui donc peut vous pousser alors à me rendre service?

—Je vous l'ai dit, répondit naïvement John Colden, je suis sans femme et sans enfants. Quand je suis entré ce matin, j'étais au bout de mes dernières ressources. Cela m'est donc bien égal de passer huit jours sans sortir, puisque je ne serai payé que samedi prochain.

—Vous êtes un brave homme, dit Jonathan

Et il lui serra affectueusement la main.

Le gros homme à la calebasse, s'était placé au milieu du chantier et les ouvriers faisaient maintenant cercle autour de lui.

—Mes enfants, dit-il, j'ai une mauvaise nouvelle à vous donner.

Tout le monde le regarda avec inquiétude.

—Il s'est écroulé un mur dans le vieux Bath square, entre le moulin et la boulangerie, et il nous faut pour le réparer plus de monde qu'on n'en prend d'ordinaire chaque semaine.

Les ouvriers se regardèrent d'un air consterné.

—Nous avons besoin de vingt-cinq hommes, c'est dix de plus que d'habitude.

—C'est le quart, murmurèrent les ouvriers qui étaient une centaine environ.

—Allons, reprit le gros homme, un peu de courage, compagnons, et la main à la calebasse; une mauvaise semaine est bientôt passée.

Le peuple anglais est calme, méthodique, silencieux.

Les ouvriers se rangèrent d'eux-mêmes sur une file, qui vint passer homme par homme, devant le contre-maître.

Chaque ouvrier, en passant, plongeait sa main dans la calebasse et y prenait une petite boule.

Les uns, superstitieux, la mettaient dans leur poche ou la gardaient dans le creux de leur main sans vouloir la regarder.

Les autres voulaient être fixés tout de suite.

Jonathan, quand ce fut son tour regarda la sienne et pâlit.

Il avait le numéro 3.

Qui sait si John Colden n'amènerait pas lui aussi un bas numéro?

John Colden fut un des derniers à mettre la main dans la calebasse.

Pais il s'éloigna sans affectation et rejoignit Jonathan.

Jonathan tremblait.

—Quel numéro avez-vous? lui dit-il.

—Hélas! le numéro 3.

—Eh bien, dit John Colden en souriant, donnez-moi votre boule et prenez la mienne.

La boule de John Colden portait le numéro 69.

L'échange fait, Jonathan était sauvé.

Quant à John Colden, un éclair de satisfaction passa dans ses yeux.

Sans doute le but poursuivi était atteint.

L'homme à la calebasse fit alors l'appel.

Quand il vit John s'avancer au numéro 3, il lui dit en riant:

—Tu n'as pas de chance, mon garçon.

—Bah! dit John, j'en aurai une autre fois. Pour aujourd'hui, je paye ma bienvenue.

Alors les vingt-cinq hommes que le sort avait désignés pour travailler dans l'intérieur de la prison se rangèrent deux par deux.

La grille du préau s'ouvrit devant eux, et ils traversèrent la salle du greffe.

Tout au fond, à gauche, le gros homme sonna à la porte de fer.

John Colden entendit crier des verrous, grincer des pènes, et la porte s'ouvrit.

—Nous aurons joliment soif quand nous sortirons, dit à John l'ouvrier qui marchait à côté de lui.

—On ne boit donc pas, là-bas?

—De l'eau coupée avec de la bière.

—Et mange-t-on bien?

—On a deux rations de prisonnier.

—Et comment couche-t-on?

—Sur un lit de camp.

—Bah! fit John, c'est vite passé, huit jours.

La porte s'était refermée sur les vingt-cinq ouvriers qui se trouvaient maintenant dans un sombre corridor.

Un guichetier s'était mis à leur tête et les conduisait.

Au bout du corridor on trouva une première salle de correction.

C'étaient là qu'étaient les condamnés pour un temps très-court, de un à six mois, tout au plus.

Ceux-là travaillaient chacun de leur état.

Un tailleur était assis sur une table, les jambes croisées sous lui et confectionnait des vestes de condamnés.

Un typographe composait des têtes de lettres pour le directeur de la prison et les tirait ensuite avec une petite presse à bras.

Un barbier rasait ses co-détenus.

Un relieur, un bottier, un ciseleur avaient chacun leur établi.

Une nouvelle porte s'ouvrit et se referma sur John Colden et ses compagnons, et un bruit assourdissant de scies, de marteaux et d'enclumes frappa leurs oreilles.

Ils étaient dans l'atelier des menuisiers et des forgerons condamnés.

Puis vint la salle des étoupes.

Là commence le travail pénible.

On met à l'étoupe tout condamné qui n'a pas d'état. On lui donne le matin un paquet de vieux cordages goudronnés et coupés par morceaux.

Alors, sans autre outil que ses ongles, il est obligé de faire de ce paquet un tas d'étoupes, et, au dire des condamnés, c'est la tâche la plus dure.

Mais ce n'était pas encore dans cette salle que devaient s'arrêter les ouvriers.

Ils traversèrent la partie cellulaire de la prison et enfin, après avoir traversé une petite cour, ils virent s'ouvrir une dernière porte.

Alors John Colden ne put s'empêcher de frissonner.

Il était au seuil du tread mill que les condamnés appellent le *moulin sans eau*, et il allait voir enfin ce pauvre enfant que mistress Fanoche avait volé à sa mère, que Bulton et Suzannah avaient perdu et que M. Booth, l'inflexible magistrat de police, avait condamné aux travaux forcés.

V

Maintenant reportons-nous au moment où Ralph, le petit Irlandais, cet enfant sur la tête de qui, disait-on, reposait l'espoir de l'Irlande était entré à Cold Bath field.

A Londres, comme à Paris, le transport des prisonniers se fait en voiture cellulaire.

Chaque jour une sorte d'omnibus à fenêtres grillées et prenant le jour par en haut fait le tour des cours de police et y prend les prisonniers, pour laisser les uns à Bath square, les autres, à Mil bank, ou à Clarcken weld, et, ce qui est plus grave à Newgate.

Après sa condamnation, Ralph n'avait vu, n'avait entendu, n'avait compris que trois choses:

D'abord que sa mère tombait à demi-morte en jetant un cri;

Ensuite qu'on allait le séparer d'elle de nouveau.

Enfin que quelque chose d'épouvantable l'attendait, puisque, au mépris du respect dû à la justice en général et à M. Booth en particulier, la foule qui se trouvait dans le prétoire avait murmuré hautement.

Cependant Ralph ne poussa pas un cri, ne versa pas une larme.

L'héroïque enfant, les mains étendues vers sa mère qu'un homme emmenait et qui lui jeta un regard mourant, se laissa entraîner hors du prétoire par deux policemen qui le reconduisirent dans son cachot.

Sur son passage, il trouva Katt tout en larmes qui le prit dans ses bras avec effusion et l'y pressa longtemps.

Ce ne fut que lorsqu'il se trouva seul que Ralph sentit ses nerfs se détendre et qu'il se mit à fondre en larmes.

Puis une sorte de prostration morale et physique s'empara de lui, et il tomba épuisé sur la paille de son cachot, où il s'endormit, peu après, de ce sommeil profond qu'amène le désespoir arrivé à sa limite suprême.

Quand le bruit de la porte qui s'ouvrait l'en arracha, plusieurs heures s'étaient écoulées.

Ralph avait dormi, Ralph avait rêvé.

Son rêve l'avait transporté dans cette verte Erin, sa patrie, pour laquelle il était déjà martyr.

Il avait retrouvé sa pauvre chaumière, et sa mère qui lui souriait, et le vieil Irlandais, pêcheur de morue, son aïeul, qui lui enseignait à prier Dieu.

Tout le reste s'était évanoui comme un cauchemar.

Hélas! Ralph fut bientôt rendu au sentiment de la réalité.

Les deux policemen qui faisaient le service de la cour de police de Kilburn se représentaient à ses yeux de nouveau et, cette fois, l'un d'eux lui disait:

—Allons, lève-toi et suis-nous.

Ralph obéit sans mot dire.

Maintenant qu'on l'avait séparé de sa mère, que lui importait d'être en prison là ou ailleurs.

On lui fit remonter les marches de cet escalier tortueux et sombre que le prétendu lord Cornhill avait rempli la veille de ses exclamations d'étonnement et d'admiration.

L'enfant eut un dernier espoir, celui de rencontrer miss Katt, une dernière fois.

Mais M. Booth s'était laissé aller, par extraordinaire, à gronder sa fille, à l'issue de l'audience, trouvant inconvenant qu'une personne décente et bien élevée comme elle s'apitoyât ainsi sur le sort d'un petit vagabond que la loi venait de frapper.

Miss Katt était allée s'enfermer dans sa chambre et y pleurer tout à son aise.

Comme Ralph traversait un des corridors, il rencontra Toby, le secrétaire de M. Booth.

Toby, pour plaire sans doute à miss Katt, ou plutôt par les ordres de cette dernière, lui jeta un plaid sur les épaules.

La nuit était venue, une bise aigre et froide se dégageait du brouillard que perçait la lueur des deux fanaux de la voiture cellulaire.

La libre Angleterre fait voyager ses prisonniers la nuit, autant qu'elle le peut.

Il est inutile de dire à un peuple qui se croit le plus libre du monde qu'il y a chez lui des prisons, des bourreaux et des geôliers.

Un policeman prit Ralph sous les bras et le monta dans la voiture.

Ralph n'avait jamais vu, ou ne croyait avoir jamais vu cet homme.

Cependant il tressaillit des pieds à la tête et s'arracha à la torpeur morale qui l'étreignait quand celui-ci lui eut murmuré à l'oreille ces paroles pleines d'espoir.

—Ne crains rien, et prend courage, ta mère et les amis de ta mère veillent sur toi.

Ces paroles avaient été prononcées dans ce patois de son pays dont s'était déjà servi lord Cornhill.

Il sembla même à l'enfant que c'était le même son de voix.

Mais il eut beau regarder le policeman, qui avait de gros favoris roux; il lui fut impossible de reconnaître en lui le fringant gentleman qui était descendu la veille dans son cachot.

Néanmoins l'espoir monta subitement du coeur à la tête de l'enfant.

On lui avait parlé de sa mère!

Il se laissa mettre sans résistance dans la cellule qui lui était destinée et dont la porte se referma sur lui avec un grand bruit de verrous.

Puis il entendit retentir le fouet du cocher, et le lourd véhicule s'ébranla et roula bruyamment sur le macadam détrempé.

Le trajet fut long.

De quart d'heure en quart d'heure la voiture s'arrêtait.

Ralph ne pouvait rien voir; mais il entendait.

Il entendait qu'on ouvrait la porte de ce corridor roulant, puis une autre cellule et qu'un compagnon d'infortune sans doute y prenait place.

La voiture faisait le tour des différentes cours de police et prenait son chargement avec le moins de bruit et de scandale possible.

Enfin, elle s'arrêta pour tout de bon.

Cette fois on ouvrit la porte de la cellule où se trouvait Ralph.

Et le même policeman qui lui avait parlé la langue de son enfance, en prononçant le nom de sa mère, lui dit durement en anglais.

—Allons! petit gibier de potence, descends!

Ralph obéit encore.

Il se vit alors entouré d'une demi douzaine d'hommes à la figure patibulaire ou sinistre.

C'était les voleurs recrutés en chemin.

Eux-mêmes étaient entourés d'une escorte de policemen.

Enfin la voiture n'était plus dans la rue, mais bien dans une cour entourée de hautes murailles.

C'était la première enceinte de Bath square.

Le policeman aux gros favoris roux alla sonner à une porte qui se trouvait au fond de cette cour.

Une cloche répondit de l'intérieur avec un bruit lugubre.

Le son de cette cloche avait quelque chose de rauque et de fêlé qui remplissait le coeur d'une mystérieuse épouvante.

Les pas lourds et mesurés de plusieurs hommes se firent entendre derrière la porte qui s'ouvrit.

Alors les policemen qui avaient escorté la voiture s'arrêtèrent dans la cour.

Seul, celui qui avait parlé à l'oreille de Ralph franchit le seuil de cette porte, qui donnait sur la salle du greffe.

Celui-là était ce que nous pourrions appeler le chef du convoi.

C'était lui qui remettait un à un les prisonniers aux guichetiers de la prison.

Il prit Ralph par la main et lui dit d'une voix dure:

—Marche!

Mais cette grosse voix n'épouvanta point l'enfant, et il marcha la tête haute et d'un pas résolu.

VI

Kilburn étant la station de police la plus éloignée, il était naturel qu'au greffe on commençât par les prisonniers qui en arrivaient, puisque c'était par elle qu'avait commencé la voiture cellulaire.

Le policeman aux favoris roux poussa donc le petit Irlandais dans le greffe.

Le chef prit le registre, qu'il ouvrit, et fit les questions d'usage.

Le policeman répondit en donnant le nom de Ralph, son âge, et en exhibant une copie par minute du jugement rendu par l'honorable M. Booth.

Le greffier en chef inscrivait tout cela sur le livre d'écrou avec une indifférence parfaite; puis il releva les bésicles qu'il avait sur le nez, regarda, sans leur secours, le policeman:

—Ah! dit-il, si je ne me trompe, c'est une nouvelle figure?

—En effet, répondit le policeman avec calme, c'est la première fois que je prends ce service, Votre Honneur.

L'appellation de *Votre Honneur* flatta le greffier.

C'était un petit homme entre deux âges, qui avait commencé par être simple commis, et qui, depuis vingt ans, n'avait pas plus quitté Bath square qu'un colimaçon ne quitte sa carapace.

Si on l'eût transporté, les yeux bandés, au milieu de Londres, il s'y fût inévitablement perdu.

Il n'y avait pour lui que deux espèces d'hommes: des prisonniers et des gens qui veillaient sur eux.

Le policeman qui accompagne une voiture cellulaire et mène les prisonniers à l'écrou est un brigadier de policeman.

Ce service est trop délicat pour qu'on le confie au premier venu, et généralement de pareilles fonctions sont remplies par les mêmes individus pendant de longues années.

Le greffier en chef regarda de nouveau l'homme aux favoris roux et lui dit:

—En effet, c'est la première fois que j'ai l'honneur de vous voir, gentleman.

Une politesse en vaut une autre: le policeman avait appelé le greffier: *Votre Honneur*; le greffier lui accordait le titre courtois de *gentleman*.

—Sternton est donc malade? reprit-il.

Sternton était le policeman-chef qui faisait ordinairement le service.

—Oui, Votre Honneur.

—Et on vous a donné ses fonctions?

En disant cela, le greffier regardait plus attentivement encore l'homme aux favoris roux.

—Je vois ce que c'est, répondit celui-ci; vous me trouvez peut-être un peu jeune, et puis vous ne m'avez jamais vu... cela n'a rien d'étonnant, j'ai été appelé de province à Londres il y a deux jours seulement.

—Ah! vous étiez dans la police de province?

—Oui, Votre Honneur.

—Où cela?

—J'étais brigadier à Manchester, où je faisais également le service des prisons.

—Fort bien, dit le greffier.

Et comme sa curiosité était satisfaite, il dit:

—Passons à un autre.

—Pardon, Votre Honneur, dit encore le policeman, mais j'ai un mot à vous dire de la part de M. Booth, le magistrat de police de Kilburn.

—Ah! ah!

—Cet enfant, ce petit voleur que vous voyez là, est blessé.

—Où cela?

—A l'épaule. M. Booth, tout en le condamnant, a exprimé le désir qu'il ne fût mis au moulin qu'après sa guérison, ce qui est une affaire de quelques jours.

—Cela ne me regarde pas, dit le greffier; mais le gardien-chef, qui va venir, transmettra le désir de M. Booth au directeur.

Le policeman s'inclina.

La salle du greffe était divisée en deux par une sorte de muraille en bois qui montait à hauteur d'appui. Tant que le prisonnier n'était pas inscrit sur le registre d'écrou, il demeurait de l'autre côté de cette barrière, dans laquelle une porte s'ouvrait aussitôt l'inscription terminée.

Alors le prisonnier passait de l'autre coté et allait s'asseoir sur un banc, jusqu'à ce que les geôliers vinssent le chercher.

Le policeman aux favoris roux poussa donc Ralph de l'autre côté de la barrière, assez rudement en apparence, mais en se penchant sur lui et lui murmurant à l'oreille:

—Pense à ta mère!

L'enfant avait un calme héroïque.

Il ne comprenait pas ce qui se passait, mais il pressentait que, pour lui, l'âge d'homme commençait et qu'il devait être courageux.

Il s'assit docilement sur le banc des prisonniers, sans verser une larme, les yeux attachés sur cet homme qui, deux fois, lui avait parlé de sa mère.

Celui-ci continuait son métier en conscience.

Il faisait inscrire un à un tous les prisonniers recrutés dans les différentes cours de police.

Arrivé au dernier, le greffier étendit la main vers un cordon de laine verte qui pendait au-dessus de son pupitre et qui correspondait à une sonnette.

Au bruit de la sonnette, une porte s'ouvrit au fond du greffe, et un homme qui portait l'uniforme de la prison et sur sa manche un galon d'argent, entra, suivi de quatre autres gardiens, évidemment sous ses ordres, car leur manche était veuve de tout insigne. Alors le greffier, d'une voix monotone, comme un prêtre qui psalmodie, lui donna lecture du registre d'écrou et ne s'aperçut pas que le policeman aux cheveux roux et lui échangeaient un regard d'intelligence.

Cette lecture terminée, le greffier se souvint de la recommandation de M. Booth, et il la transmit au gardien-chef.

Celui-ci répondit:

—On ne met jamais les condamnés au moulin que le lendemain de leur entrée.

On visitera l'enfant demain matin et on fera ce qu'ordonnera le médecin.

Puis il échangea un dernier regard avec le policeman et dit aux prisonniers:

—Allons, vous autres, en avant!

Ralph, à son tour, jeta un dernier coup d'oeil sur le policeman qui lui avait parlé de sa mère, puis il suivit les gardiens qui l'emmenèrent à l'intérieur de la prison.

La vie du condamné commençait pour lui.

On le conduisit dans une grande salle au milieu de laquelle il y avait une cuve pleine d'eau tiède.

Là il fut déshabillé des pieds à la tête et on le plongea dans la cuve à deux reprises différentes.

Après quoi on le revêtit du costume de la prison, qui consiste en un pantalon gris et une veste brune bordée de jaune.

Dans le dos de la veste, comme sur le bonnet de police qu'on donne aux condamnés, il y a un numéro se détachant sur un carré blanc.

La veste et le bonnet qu'on donna à Ralph portaient le chiffre 31.

Ralph, désormais, n'était plus un homme. Il s'appelait le n° 31.

Et quand, une heure après, il se vit enfermé dans une cellule, couché sur un lit de sangle, lorsqu'il se trouva seul enfin, l'enfant qui avait été homme un moment, sentit son coeur s'emplir d'épouvante et de désespoir, et il se prit à fondre en larmes, murmurant:

—Ma mère! ma mère!

Dans le corridor retentissait le pas égal et monotone d'un gardien de nuit.

Ce pas s'arrêta un moment derrière la porte de la cellule de Ralph.

Et soudain l'enfant cessa de pleurer et se dressa haletant sur son lit.

A travers cette porte, un murmure s'était fait entendre; une voix s'était adoucie pour lui dire dans ce patois irlandais que, le premier, lui avait fait entendre à Londres, le prétendu lord Cornhill:

—Ne pleure pas, mon mignon, elle veille sur toi ta mère!

VII

Le lendemain matin, au petit jour la porte de la cellule de Ralph s'ouvrit et le gardien-chef entra, ou plutôt il s'effaça pour laisser entrer avant lui un petit homme en lunettes vertes qui portait un habit tout chamarré de broderies.

C'était le médecin de la prison.

Le gardien-chef dit d'une voix dure:

—Allons, petit drôle, lève-toi et salue M. le docteur.

Ralph se mit sur son séant. Il était tout tremblant et cependant une pensée bizarre venait de traverser son cerveau.

Cette voix rude qui lui ordonnait brutalement de se lever lui semblait être cette même voix qui la veille au soir, en patois irlandais, lui avait dit d'espérer, ajoutant: «Ta mère veille sur toi.»

Cet homme avait l'air dur cependant; il roulait même de gros yeux qui donnaient le frisson.

—Ah ah! dit le petit homme aux lunettes vertes, voilà donc le bambin qui a voulu forcer la caisse de M. Thomas Elgin?

Et il regarda Ralph curieusement.

—Jolie figure, dit encore le docteur. C'est grand dommage que le *club philanthropique pour la moralisation des classes indigentes*, dont j'ai l'honneur d'être vice-président, n'ait pas eu ce petit drôle sous la main, peut-être l'aurait-elle sauvé.

Et il s'approcha du lit de sangle et avec la brutalité d'un chirurgien, il se mit à découvrir le bras et l'épaule de l'enfant, qui réprima un cri de douleur.

—Hé! hé! murmura-t-il, ce M. Thomas Elgin est un homme ingénieux en vérité! il vous a des manières de défendre son argent... j'ai lu cela tout au long dans le *Morning-Post*, et c'est vraiment fort curieux.

Le gardien-chef, sans adoucir sa grosse voix, disait:

—Ce pauvre petit est hors d'état, Votre Honneur, de faire un travail quelconque, et je ne sais en vérité à quoi pensent les magistrats de condamner au moulin un enfant de dix ans.

A ces paroles, le docteur releva ses lunettes, qui avaient peu à peu glissé jusque sur le bout de son nez, et dit d'un ton emphatique:

—Mon cher monsieur Bardel, on ne m'accusera pas d'inhumanité, je suppose, moi qui suis vice-président d'un club philanthropique, néanmoins, mon opinion est que la société doit se sauvegarder, que le plus grand des crimes est le vol et que, ceci posé, il faut châtier sévèrement les voleurs, entendez-vous?

—Toujours est-il, reprit maître Bardel, tel était le nom du gardien-chef, que cet enfant a reçu une balle dans l'épaule.

—Je ne dis pas non, mais la balle a été extraite, et la blessure n'a rien de dangereux.

Ce disant, le docteur se mit à remuer le bras de l'enfant, le relevant et l'abaissant et faisant jouer les articulations du coude et de l'épaule.

—Bah! fit-il, ça n'a pas la moindre gravité.

—Ah! fit M. Bardel.

—Dans huit jours il n'y paraîtra plus.

—Mais encore, reprit M. Bardel, faut-il que, pendant ces huit jours, cet enfant soit envoyé à l'infirmerie.

—Inutile, mon cher maître, parfaitement inutile.

Un nuage passa sur le visage du gardien-chef.

—Mais, monsieur le docteur... fit-il.

—Je vous répète, mon cher monsieur Bardel, que ce petit drôle peut travailler.

—Dès aujourd'hui?

—Dès aujourd'hui.

M. Bardel étouffa un soupir et s'inclina.

Le docteur ajouta:

—Croyez-moi, j'ai de l'humanité. Sans cela, je ne serais pas vice-président d'un club philanthropique. Mais la société a besoin de se sauvegarder.

Et, sur ces mots, le docteur fit un pas de retraite et M. Bardel l'accompagna et ferma la porte de la cellule.

Ralph demeura seul environ une heure.

Avec ce merveilleux instinct que possèdent les enfants, il avait compris que le gardien-chef, avec sa voix brutale et son aspect farouche, lui portait de l'intérêt et que s'il avait été décidé qu'on le ferait travailler le jour même, ce n'était nullement par sa faute.

Au bout d'une heure, la porte de la cellule se rouvrit.

Ralph espérait revoir M. Bardel; mais il se trompait.

Deux gardiens ordinaires venaient le chercher.

L'un d'eux était muni du certificat du médecin constatant que la blessure de l'enfant était sans gravité et ne le dispensait pas du travail.

On fit habiller le pauvre petit et on le conduisit à la salle du tread mill.

Pendant ce temps un homme sortait de Cold Bath field.

C'était M. Bardel, le gardien-chef.

Master Pin, le portier-consigne, lui dit en lui ouvrant la dernière grille:

—C'est donc votre jour de sortir aujourd'hui?

—Oui, répondit Bardel, et j'en profite. Ce n'est pas de trop de sortir une fois par mois et de respirer le grand air.

Et M. Bardel, une fois dans la rue, se mit à marcher d'un pas rapide et se dirigea vers Holborne street.

Là, il entra dans une maison de chétive apparence, dont le rez-de-chaussée était occupé par un public-house.

Il enfila une allée noire, monta au deuxième étage, tira une clé de sa poche et pénétra dans une petite chambre qui était sans doute son pied à terre de ville, car en un tour de main, il se fut débarrassé de son uniforme et revêtit ensuite des habits tout gris.

Cela fait, il redescendit, après avoir soigneusement fermé sa porte et entra dans le public-house.

Un homme était appuyé contre le comptoir et buvait du gin à petites gorgées.

C'était l'homme gris.

Il échangea avec M. Bardel un petit signe d'intelligence qui pouvait passer pour un salut, et tous deux se mirent à causer en patois irlandais.

—Eh bien! fit l'homme gris, l'enfant est à l'infirmerie, n'est-ce pas?

—Non, il est au moulin.

L'homme gris pâlit légèrement.

—Ce médecin est un âne, poursuivit Bardel, ou plutôt c'est un homme sans entrailles. Il est si riche qu'il a toujours peur d'être volé, et il infligerait volontiers la peine de mort à un homme qui aurait pris un mouchoir.

—Mais alors, dit l'homme gris, tout le plan combiné en vue de l'infirmerie se trouve renversé?

—Naturellement.

—Et... au moulin?

—Là, dit M. Bardel, il n'y a pas un homme sur lequel je puisse compter.

—Ah!

—Il faudrait pouvoir introduire dans le service du tread mill un homme à nous, et c'est impossible.

—Le tread mill est-il loin de l'infirmerie?

—A l'autre extrémité de la prison.

—Et les ouvriers n'en approchent pas?

A cette question, M. Bardel tressaillit.

—Ah! dit-il, il me vient une idée...

—Voyons?

—Un des quatre murs de la salle du tread mill n'est pas solide. Il peut s'écrouler...

—Quand?

—Lorsque je le voudrai, dit M. Bardel.

—Que ce ne soit pas avant samedi prochain, alors, dit l'homme gris.

—Pourquoi?

—Parce que parmi les ouvriers qui iront travailler dans l'intérieur de la prison, il y aura un de mes frères.

—Dieu protége l'Irlande! murmura le gardien-chef, qui fit alors un signe de croix maçonnique, au moyen duquel l'homme gris s'était attaché sur-le-champ l'Irlandais John Colden.

Et tous deux se mirent à causer à voix basse.

VIII

Ainsi donc M. Bardel, le gardien-chef de Cold Bath field, obéissait à l'homme gris.

Pourquoi?

C'est que M. Bardel était affilié à cette vaste et mystérieuse association qu'on appelle les fenians et qui rêvent l'émancipation de l'Irlande.

Comment cette association s'est-elle formée?

Mystère?

Les membres se connaissent rarement entre eux. Ce n'est qu'à un signe particulier, à un mot mystique, à un geste, qu'un frère en détresse est reconnu par d'autres frères.

Avant de laisser aller le petit Ralph à Cold Bath field, l'homme gris était redevenu pour une heure le lord Cornhill qui faisait une si jolie collection de crimes curieux.

Muni d'une carte spéciale délivrée à Scotland-yard, il s'était présenté à Bath square et avait demandé à visiter la prison.

Il avait inspecté minutieusement l'infirmerie, les salles de correction, la partie cellulaire et les cuisines, mais il n'avait pas voulu voir le moulin, disant qu'il conservait ce spectacle pour une deuxième visite.

Ce que cherchait le prétendu lord Cornhill c'était ses complices dans la prison, car il y a des fenians partout, dans les administrations publiques et même parmi les policemen, comme on a pu le voir le soir où l'homme gris avait voulu visiter Suzannah l'Irlandaise.

Il s'était promené de salle en salle, épiant un regard, hasardant un geste, et, tout à coup, il avait vu un homme tressaillir.

Cet homme était celui-là même qui lui servait de guide et lui expliquait complaisamment chaque chose.

C'était M. Bardel, le gardien-chef.

Alors l'homme gris profita d'un moment où ils se trouvaient seuls dans un couloir cellulaire et lui fit ce signe particulier qui annonçait un chef de l'association.

M. Bardel s'inclina humblement et dit:

—Parlez, maître, j'obéirai.

—Quand je serai parti, dit rapidement l'homme gris, vous trouverez un prétexte pour sortir et vous viendrez me rejoindre à Queen's justice, dans une heure.

—J'y serai, répondit M. Bardel avec soumission.

Une heure après, en effet, non plus lord Cornhill, mais l'homme gris, car le mystérieux personnage avait repris son costume ordinaire, était dans la taverne de la justice de la reine.

Aller se rafraîchir à Queen's tavern n'était pas sortir de Bath square.

Les guichetiers n'avaient besoin pour cela que du bon vouloir de master Pin qui, étant lui-même toujours altéré, comprenait que ses collègues eussent soif.

A Queen's tavern, il était résulté de la conversation de l'homme gris et de M. Bardel que celui-ci était le seul fenian de Bath square.

Néanmoins, si on parvenait à faire admettre Ralph à l'infirmerie, M. Bardel croyait une évasion possible.

On le voit, le gardien-chef avait compté sans le terrible docteur et il venait rendre compte à l'homme gris, dans cette taverne d'Holborne, et le lendemain de l'incarcération de Ralph, de l'avortement de leur commune espérance.

—Ainsi, disait l'homme gris, vous n'avez personne à Bath square.

—Personne.

—Pas même un prisonnier?

—Non.

—Mais le portier-consigne?...

—Il a ruiné l'Irlande. Il tient si fort à sa place qu'il nous livrerait tous, s'il le pouvait.

—Et quel moyen avez-vous d'introduire les ouvriers libres dans le tread mill?

—Voici, dit M. Bardel: le tread mill a quatre cylindres.

—Je sais cela.

—L'essieu de chacun est enchâssé dans un gros mur, et l'un de ces gros murs est crevassé. Si on arrêtait trop brusquement la machine, il pourrait se faire que le mur cédât et s'écroulât.

—Mais comment arrêter la machine brusquement?

—C'est facile.

—Voyons?

—Chaque soir, en vertu de mes fonctions de gardien-chef je fais le tour des salles de travail et de correction, quelquefois accompagné de deux gardiens, quelquefois seul. Les condamnés sont couchés, les salles sont désertes.

Supposons que je mette un de ces soirs, une pince, un morceau de fer, un corps dur quelconque dans ma poche.

—Après?

—Et que je glisse ce corps dur dans l'engrenage du cylindre.

—Bien?

—Le lendemain, au troisième tour de roue, la machine se disloquera, et en se disloquant, elle provoquera l'écroulement du mur qu'il faudra réparer sans retard.

—A merveille, dit l'homme gris. Maintenant, continuons notre plan. Parmi les ouvriers se trouvera un de nos frères; il se nomme John Colden. Est-ce assez d'un?

—Oui et non.

—Expliquez-vous.

—Voici, reprit M. Bardel. Pendant les huit jours qu'ils travaillent à l'intérieur de la prison, les ouvriers sont soumis au régime des prisonniers, sauf la nourriture, qui est meilleure.

Le soir, ils couchent dans des cellules qu'on ferme jusqu'au matin.

Naturellement, ils seront, la semaine prochaine, si le mur du tread mill s'est écroulé, logés dans le voisinage des condamnés au moulin.

Chaque corridor a un surveillant de nuit.

Ces hommes sont incorruptibles et aucun d'eux ne sert l'Irlande.

Il ne faut donc pas songer à eux pour vous aider.

—Et il n'y en a qu'un seul par corridor?

—Oui.

—Il m'a semblé que chaque corridor aboutissait au préau intérieur.

—C'est vrai.

—Eh bien! dit l'homme gris, supposons un moment que John Colden et Ralph sont dans le même corridor: est-ce possible?

—Cela dépend de moi.

—Bien: supposons encore que le surveillant du corridor est à nous.

—Oh!

—Supposons-le.

—Soit.

—John Colden sort de la cellule, il va chercher l'enfant et tous deux se dirigent vers le préau, dont on leur ouvre la porte. N'avez-vous pas une clef du préau, vous?

—Sans doute.

Le préau communique par une autre porte avec les bâtiments de la nouvelle prison. Vous devez avoir la clef de cette porte.

—Très-certainement, mais je n'ai pas celle de la dernière grille qui ne quitte ni jour ni nuit la ceinture de master Pin.

—Cela m'est égal, dit l'homme gris, car une fois dans la prison neuve, ce n'est pas par la grille que John Colden et l'enfant s'en iront.

—Ah!

—Je ne vois donc qu'un seul obstacle: le surveillant.

—Et un obstacle insurmontable, dit M. Bardel.

L'homme gris se prit à sourire.

—Vous verrez bien le contraire, dit-il. Ainsi résumons-nous.

—J'écoute.

—Donc, la nuit de vendredi à samedi, le mur s'écroule.

—Oui.

—Samedi, John Colden est avec les ouvriers qui travaillent à le réparer.

—Après?

—Samedi soir venez boire un verre de gin à Queen's justice, et je vous prouverai que tout est possible.

—Je ne demande pas mieux, répondit M. Bardel, et s'il ne faut que ma vie pour faire triompher notre cause, elle est à vous.

—Non, répondit l'homme gris en souriant, nous avons besoin d'avoir des amis à Bath square et vous ne serez même pas compromis.

Et il quitta le gardien-chef en répétant:

—A samedi soir, à Queen's tavern, et que l'Irlande nous protège!

IX

Revenons à Ralph maintenant.

C'était le samedi, et il y avait cinq jours que le petit martyr était au moulin.

La première heure avait été pour lui un supplice sans nom.

A peine ses petites mains pouvaient-elles atteindre la barre transversale qui devient l'unique point d'appui du condamné dont les pieds cherchent vainement à se reposer sur les palettes mouvantes du cylindre.

Deux fois il avait voulu s'arrêter, et deux fois ses jambes meurtries et son dos, sur lequel se rabattait une planche, l'avaient averti que c'était impossible.

Après le premier quart d'heure, il s'était reposé.

Il était si faible, si haletant, si baigné de sueur, que les autres condamnés dont le plus jeune, avait encore le double de son âge, avaient été pris de pitié.

Mais que pouvait cette pitié pour lui!

S'il est un lieu où la discipline est inflexible et où elle est rigoureusement observée, c'est à coup sûr dans les prisons de l'Angleterre.

L'amour de la propriété, l'avidité de la possession ont inculqué au peuple anglais une telle horreur du vol qu'il est barbare dans la répression du voleur.

Le moindre murmure est puni du cachot; si le cachot ne suffit pas, le fouet devient son auxiliaire.

D'ailleurs M. Whip était là.

M. Whip était le surveillant de celui des quatre cylindres dans lequel on avait placé le petit Irlandais.

C'était un homme grand et maigre, à barbe claire, dont les lèvres minces, le nez long, les petits yeux verts avaient un caractère d'étrange férocité.

En anglais Whip veut dire *fouet*.

Le farouche gardien avait peut-être un autre nom; mais les condamnés, dont il se plaisait à meurtrir les épaules, lui avaient donné celui de son instrument de torture. Le voleur qui avait fini son temps et retournait dans le Brook street, disait à ceux qui n'avaient jamais vu le terrible tread mill: Dieu et saint George vous gardent du cylindre de M. Whip!

M. Whip était aussi détesté des autres gardiens qu'il l'était des condamnés eux-mêmes.

C'était un homme taciturne, qui vivait seul, ne parlait à personne et semblait exercer ses redoutables fonctions avec une joie brutale.

Or, c'était précisément, dans son cylindre qu'on avait placé le petit Ralph; et, dès la première tournée, l'enfant fit connaissance avec son fouet.

Quand, le soir, on le réintégra meurtri et brisé dans sa cellule, l'enfant était à demi abruti.

Il n'avait plus de larmes dans les yeux: il ne se sentait plus de révoltes dans l'âme.

Toute la journée, au milieu de ses tortures, une idée avait dominé son esprit.

Cette idée fixe, c'était l'espoir d'entendre le soir cette voix qu'il avait entendue déjà la veille et qui lui avait dit à travers la porte: «Ta mère veille sur toi.»

Pour les hommes faits, pour ceux qui se sont courbés déjà aux rudes épreuves de la vie, le souvenir de la patrie est une consolation suprême.

Pour l'enfant, le souvenir de sa mère a la même puissance.

Et le soir, en effet, comme il s'endormait, vaincu par la lassitude, sur son pauvre petit matelas d'un pouce d'épaisseur, il entendit de nouveau à travers la porte cette voix consolatrice qui ajouta: «Ne te désespère pas, tu sortiras bientôt d'ici.»

Le lendemain et les jours suivants la même vie recommença pour le pauvre enfant.

Chaque soir la voix mystérieuse fit battre son coeur d'espérance.

Enfin, le samedi arriva.

A sept heures, les condamnés entrèrent deux par deux dans la grande salle des moulins.

M. Whip marchait à leur tête.

Chaque condamné alla se placer devant sa place habituelle.

Celui qui s'était reposé le dernier, la veille, monta s'accrocher à la barre transversale et posa ses deux pieds sur la palette.

L'autre s'assit au bas de la stalle attendant son quart d'heure.

Puis quand les quatre cylindres furent garnis, les surveillants, perchés sur leurs tabourets, M. Whip fit un signe et les clavettes qui retenaient chaque roue immobile furent enlevées.

Alors les roues tournèrent et le supplice commença.

Les cylindres tournèrent lentement d'abord, puis plus vite, et plus vite encore, et enfin avec une rapidité vertigineuse.

Mais tout à coup un bruit épouvantable se fit; le cylindre auquel Ralph était suspendu s'arrêta brusquement, son arbre d'engrenage craqua et en même temps qu'une grappe humaine était violemment rejetée en arrière, le mur s'écroula.

M. Bardel avait tenu parole à l'homme gris.

Ce fut un tumulte, une épouvante, un pêle-mêle indescriptibles.

Quelques condamnés furent blessés dans leur chute.

Par un bonheur providentiel, Ralph se releva sain et sauf.

Les condamnés poussaient des cris d'épouvante.

Plusieurs avaient abandonné la barre transversale des autres cylindres.

Les ouvriers de la boulangerie étaient sortis en toute hâte, mêlant leurs cris de terreur aux cris des autres condamnés.

Un moment même, les quatre surveillants furent bousculés, et on craignit une révolte.

Mais deux hommes parurent qui rétablirent le calme: le gouverneur et le gardien-chef.

Le gouverneur était aimé presque autant que M. Whip était haï.

M. Bardel était dur, mais il était juste, et on avait pour lui du respect.

Tous deux, par mesure de prudence, firent sortir les condamnés, qu'on interna dans le préau.

Puis on fit venir les architectes de la prison qui se livrèrent à un minutieux examen.

Il fut reconnu que le mur qui venait de s'écrouler était le seul qui ne fût pas solide et que les trois autres cylindres pouvaient tourner longtemps encore sans qu'aucun accident fût à redouter.

Dès lors, on ramena les condamnés au travail et ceux du quatrième cylindre furent répartis dans les trois autres.

M. Whip sollicita comme une faveur de conserver son poste de surveillant, au grand contentement d'un autre qui se trouva, par là, avoir congé.

A deux heures, l'escouade d'ouvriers libres condamnés par le sort à une détention de huit jours, arriva dans la salle.

Il s'agissait de relever le mur et de le reconstruire.

Pendant toute la matinée, les charpentiers avaient démoli le vieux cylindre.

C'était maintenant le tour des maçons.

John Colden était un des premiers.

Il promena un regard sur les trois cylindres qui continuaient à marcher, cherchant des yeux l'enfant qu'il avait vu une fois, car il s'était mêlé à la foule qui, le lundi précédent, avait envahi la cour de police de M. Booth.

Ralph se reposait en ce moment.

Baigné de sueur, pâle, frémissant, il était assis sur l'escabeau que venait de quitter son compagnon de supplice.

John Colden trouva le moyen de s'approcher de lui et de lui dire tout bas:

—Je suis un ami de ta mère.

L'enfant jeta un cri.

Mais déjà John s'était mêlé aux autres ouvriers.

M. Whip tourna la tête, quitta son escabeau et laissa tomber son fouet sur les épaules de Ralph.

Ralph poussa un second cri.

Mais, en ce moment, il aperçut John Colden, qui posait un doigt sur ses lèvres.

L'enfant comprit et se tut.

Et comme le cylindre s'arrêtait, il remonta prendre sa place à la barre.

X

C'était pour ce même samedi que l'homme gris avait donné rendez-vous à M. Bardel, le gardien-chef, à la taverne de la reine.

A sept heures et demie précises, il était à son poste. M. Bardel n'était point venu encore.

Mais un homme arriva avant le gardien-chef, c'était le bon Shoking.

Il jeta un regard rapide autour de lui et aperçut l'homme gris qui buvait tranquillement un verre de grog.

La taverne était déserte en ce moment.

Nous l'avons dit, il n'y avait guère que les guichetiers et les parents des prisonniers qui fréquentassent *Queen's-justice*.

Or, à sept heures du soir, en hiver surtout, les gardiens ne sortaient plus, et depuis longtemps même le vendredi, les parents des condamnés étaient partis.

Les seules personnes qui pussent encore franchir le seuil de la prison et venir boire chez l'ancien guichetier étaient master Pin, le portier-consigne, et M. Bardel, à qui la situation de gardien-chef créait des priviléges.

Shoking s'approcha donc de l'homme gris en toute sécurité.

Celui-ci le regarda d'un air interrogateur.

—Tout est prêt, dit Shoking.

—Tout?

—Absolument tout. La corde à noeuds est en haut, le cab sera à la porte de la maison.

—Où est Jenny?

—Dans la maison.

—Et Suzannah?

—Suzannah est avec elle.

—A quelle heure le cab viendra-t-il?

—C'est Craven qui l'amènera. A neuf heures précises, il tournera le coin de la rue.

—C'est bien, dit l'homme gris.

Et il tourna les yeux vers la porte, qui s'ouvrait en ce moment.

C'était M. Bardel qui entrait.

M. Bardel salua l'homme gris comme une connaissance banale.

—Hé! monsieur Bardel, lui dit celui-ci, voulez-vous boire un verre de sherry?

—Je préfère un grog, si ça ne vous désoblige point.

Et M. Bardel vint sans affectation s'asseoir à la table de l'homme gris.

Alors celui-ci se mit à lui parler en patois irlandais.

—Que s'est-il passé? demanda-t-il.

—Le mur s'est écroulé, répondit Bardel dans la même langue.

—L'enfant n'a pas été blessé?

—Non.

—Et John Colden est dans la salle du moulin?

—C'est-à-dire qu'il y a travaillé toute l'après-midi.

—C'est là précisément ce que je voulais dire. Avez-vous suivi mes instructions?

—A la lettre.

—Voyons?

—L'ouvrier John Colden est logé dans le même corridor cellulaire que l'enfant.

—Très-bien.

—J'ai fermé les cellules moi-même, tout à l'heure et j'ai glissé un poignard dans la main de John Colden.

—J'espère bien qu'il n'en aura pas besoin.

—Enfin, au lieu de fermer sa cellule, j'ai fait un grand bruit de verrous, mais cette porte est ouverte.

—A merveille!

—Enfin, j'ai éloigné les deux sentinelles du préau, en disant qu'il pleuvait, et qu'il était parfaitement inutile qu'elles montassent la garde à la porte de la prison neuve, où il n'y a personne.

—Et quel est le gardien qui surveillera le corridor?

M. Bardel fronça le sourcil.

—Oh! dit-il, voilà où nous avons du guignon!

—Comment cela?

—Il y a un homme féroce entre les plus féroces dans Bath square. Les condamnés l'ont surnommé monsieur Whip.

—Bon!

—C'était justement le surveillant du quatrième cylindre, et cet homme remplissait ses fonctions avec une joie cruelle.

—Eh bien, puisque le cylindre ne fonctionne plus, il n'a rien à faire.

—Vous vous trompez, reprit M. Bardel. Le misérable, qui se complaît à voir souffrir les prisonniers, s'est chargé de la besogne d'un camarade.

—Ah!

—Et c'est lui qui gardera justement cette nuit le corridor où est l'enfant. Je crois donc que John Colden aura besoin de son poignard.

L'homme gris ne répondit pas sur-le-champ.

—Cet homme prend-il du tabac? dit-il enfin.

—Oui, dit M. Bardel, presque autant que moi. Comme il ne nous est permis de fumer que dehors, nous nous rattrapons sur la tabatière.

Et M. Bardel tira de sa poche une boîte en écorce de bouleau, de celles qu'on appelle queues de rat, à cause sans doute de la lanière de cuir qui s'échappe du couvercle et sert à les ouvrir.

L'homme gris fouilla dans sa houppelande et en retira une tabatière à peu près semblable, avec cette différence qu'elle était à deux compartiments.

—Voilà, dit-il, qui vaut mieux que le poignard que vous avez remis à John Colden.

—Comment cela? fit M. Bardel.

—A quelle heure faites-vous votre ronde?

—Entre neuf et dix.

—Vous la ferez à neuf heures précises, ce soir.

—Soit.

—Prenez cette tabatière et remarquez qu'elle a deux fonds et s'ouvre par conséquent des deux côtés.

—Je vois bien cela.

—Une des queues de rat a un noeud, n'est-ce pas?

—Oui.

—C'est le compartiment que vous ouvrirez en passant auprès de M. Whip.

—Et je lui offrirai une prise?

—Précisément.

—Je comprends, fit M. Bardel; ce tabac contient un narcotique.

—Oui, dit l'homme gris. Maintenant, voulez-vous savoir comment John et l'enfant sortiront de la nouvelle prison?

—J'avoue que je n'en ai aucune idée.

—Eh bien! dit l'homme gris, sortez le premier d'ici.

—Bon.

—Attendez-moi au coin de la rue. J'y serai dans dix minutes.

M. Bardel sortit.

L'homme gris échangea encore quelques mots avec Shoking, puis tous deux quittèrent à leur tour Queen's justice.

La nuit était noire, le brouillard épais et les réverbères étaient sans rayonnement.

On eût dit des charbons à demi couverts de cendres.

M. Bardel s'était effacé sous le porche d'une maison.

—Venez, lui dit l'homme gris, en le rejoignant.

Les rues qui entourent Cold Bath field sont étroites, tortueuses et bordées de maisons assez élevées.

C'est un des quartiers du vieux Londres, car dans le Londres nouveau les maisons sont basses.

L'homme gris, suivi de M. Bardel et de Shoking, contourna le mur d'enceinte de la prison, entra dans une de ces ruelles et s'arrêta devant une porte bâtarde qui s'ouvrait sur une allée noire.

Alors M. Bardel, levant la tête, vit une maison haute de quatre étages, dont les fenêtres devaient dominer le préau de la nouvelle prison.

—Venez, répéta l'homme gris, en l'entraînant dans l'allée noire, au bout de laquelle il y avait un escalier tournant, à marches humides et glissantes, avec une corde en guise de rampe, venez, répéta-t-il, je vais vous démontrer que nous n'avons pas besoin de la clef de master Pin.

XI

L'homme gris, M. Bardel et Shoking qui les suivait montèrent tout en haut de la maison dans laquelle on n'entendait pas le moindre bruit, du reste, et qui paraissait tout à fait inhabité.

Arrivés en haut de l'escalier, l'homme gris poussa une porte devant lui.

Alors la lueur d'une chandelle frappa M. Bardel au visage.

Il était sur le seuil d'un pauvre logis comme en ont les ouvriers anglais, un véritable galetas à peine garni des meubles les plus indispensables.

Deux femmes s'y trouvaient.

Deux femmes dont la beauté contrastait étrangement avec l'aspect hideux du lieu,—Suzannah et Jenny l'Irlandaise.

Jenny que l'homme gris avait amenée là, en lui disant.

—C'est ce soir que vous reverrez votre fils.

Une chandelle brûlait sur la table et la fenêtre était garnie de volets à l'extérieur.

L'homme gris commença par souffler la chandelle, puis il ouvrit les volets et appela M. Bardel en lui disant:

—Regardez!

M. Bardel se pencha en dehors.

—Le brouillard est si épais, dit-il, que je ne vois qu'imparfaitement. Cependant il me semble que c'est là le préau de la nouvelle prison.

—Justement.

—Nous en sommes séparés par la largeur de la rue.

—Et l'épaisseur du mur de ronde, ajouta l'homme gris.

M. Bardel ne comprenait guère pourquoi le chef fenian l'avait amené là.

—Voyons, reprit l'homme gris, écoutez-moi bien.

—Parlez, dit M. Bardel.

—Nous sommes à soixante pieds de hauteur... n'est-ce pas?

—Environ.

—Supposez que vous ou John Golden, tenant l'enfant par la main, vous arriviez dans le préau de la nouvelle prison.

—Bon?

—Et que moi, d'ici, je vous lance une corde à noeuds dont je fixerai l'extrémité à cette fenêtre. Cette corde passe par-dessus le mur et l'autre Bout vient tomber à vos pieds. Alors John Colden prend l'enfant sur son dos et grimpe après la corde à noeuds.

—Avez-vous donc cette corde?

—La voilà.

Et l'homme gris poussa du pied un cordage enroulé qui gisait dans un coin du galetas et qui était de l'épaisseur d'un câble de navire, avec des noeuds qui se succédaient à la distance d'un pied et demi.

—C'est bien simple, dit M. Bardel en souriant, et pourtant cette idée ne me serait jamais venue.

—Pas plus que celle de la tabatière?

—Non plus.

—Mais, dit M. Bardel, comme nous n'avons pas de temps à perdre, autant vaut-il tout régler tout de suite.

—C'est mon avis.

—L'effet du tabac sera-t-il long à se produire?

—Quelques minutes à peine.

—Et M. Whip s'endormira?

—Sur-le-champ.

—Le reste, quant à l'évasion, est facile: poursuivit M. Bardel, puisque j'ai éloigné les sentinelles du préau neuf. Il faudrait un hasard comme je n'en puis prévoir pour nous empêcher d'y arriver.

—Quel serait ce hasard? demanda l'homme gris.

—Je ne sais pas... un gardien attardé... le directeur faisant une ronde extraordinaire...

—Après?

—Donc, poursuivit M. Bardel, nous arriverons dans le préau.

—Eh bien?

—Seulement, je crois que je ferai bien de suivre John Colden et l'enfant jusqu'ici.

Pourquoi donc?

—Mais parce que demain on s'apercevra de l'évasion.

—Naturellement.

—Que seul j'ai une clé du premier préau, la nuit.

—Soit.

—Et que ma complicité sera évidente.

—Ah! vous croyez? fit l'homme gris en souriant.

—D'autant plus évidente, ajouta M. Bardel, que M. Whip, mon collègue, ne manquera pas de m'accuser et de dire que je l'ai endormi avec une prise de tabac.

Or, dit encore M. Bardel, vous commandez, j'obéis; tout pour l'Irlande et par l'Irlande, mais il est probable que je puis servir notre cause plus longtemps, et autant vaut que je prenne la fuite, au lieu de me laisser envoyer à Mil-Bank et passer ensuite en cour d'assises.

—Tout ce que vous dites-là, mon cher M. Bardel, dit froidement l'homme gris, est plein de sens, mais parfaitement inutile.

—Inutile!

Et M. Bardel fit un pas en arrière.

—Sans doute.

—L'Irlande n'aura plus besoin de moi?

—Au contraire.

—Alors comment pourrai-je la servir quand on m'aura envoyé à Botany-Bay?

—Vous n'irez pas.

—Ah!

—Et vous resterez à Cold Bath field, où vous nous serez bien plus utile.

—Comme prisonnier, alors?

—Non, comme gardien-chef.

M. Bardel, stupéfait, regardait l'homme gris. Celui-ci reprit:

—Vous allez voir que c'est encore bien simple.

—De rester comme gardien-chef après avoir favorisé l'évasion d'un prisonnier?

—Mon Dieu, oui!

—Mais, comment?

—Vous serez la dernière personne qu'on soupçonnera.

—Moi!

—Sans doute.

—Mais la clef?

—On vous l'aura volée.

—Et la prise de tabac?

—Vous en aurez été victime comme M. Whip.

—Comment?

—Oh! de la façon la plus naturelle. M. Whip endormi, vous aiderez à la fuite de John Colden et de l'enfant.

—Bon!

—Puis vous rentrerez tranquillement dans la vieille prison, vous prendrez à votre tour une prise du même tabac et vous vous endormirez dans le même corridor que M. Whip.

—Ah! s'écria M. Bardel, vous aviez raison, c'est aussi simple que possible, mais je n'y aurais jamais pensé.

—Ce qui fait, ajouta l'homme gris, que demain, ce n'est ni vous, ni M. Whip qu'on accusera, mais le marchand qui vous a vendu votre tabac. Où le prenez-vous d'ordinaire?

—A Queen's tavern.

—A merveille! le land lord est déjà mal noté.

Puis l'homme gris ajouta:

—A présent, ne perdons pas de temps, M. Bardel, retournez à Cold Bath field. Nous n'avons plus qu'une heure devant nous.

Et se retournant vers Jenny qui pleurait silencieusement de joie:

—Le moment approche, lui dit-il, où votre fils vous sera rendu. Ne pleurez plus et croyez?

XII

M. Whip, l'homme-fouet, avait passé la soirée à martyriser le petit Irlandais.

Ralph était un enfant, c'était un titre à la haine de la bête fauve.

Dans la salle du tread-mill, quand Ralph avait poussé un cri, M. Whip avait deviné qu'il venait de reconnaître quelqu'un parmi les ouvriers.

Aussi lorsque le petit Irlandais, son quart d'heure fait, descendit du cylindre sur l'escabeau, M. Whip le fit-il venir près de lui.

Quand M. Whip appelait un condamné et lui enjoignait de s'approcher de son tabouret, sur lequel il trônait comme un tyran, toute la salle avait la chair de poule: on savait que l'homme-fouet allait se refaire un peu la main.

Ralph s'était donc approché.

Mais l'enfant ne tremblait pas. Il avait même la tête haute et son regard limpide et fier brava l'oeil féroce de M. Whip.

Celui-ci le questionna, le menaça, leva son fouet.

A toutes ses demandes, l'enfant fit la même réponse:

—Je ne sais pas.

M. Whip, furieux, lui appliqua une demi-douzaine de coups de fouet et le renvoya au cylindre.

Cela avait duré jusqu'au soir, ou plutôt jusqu'au moment où M. Bardel, le gardien-chef, entré inopinément dans la salle du tread-mill, et témoin des brutalités de M. Whip, lui en avait fait des reproches et n'avait pu s'empêcher de laisser tomber sur Ralph un regard de compassion.

Ce regard avait exaspéré M. Whip.

D'ailleurs, il y avait longtemps que l'homme-fouet en voulait à M. Bardel.

—Celui-ci lui avait souvent reproché sa férocité et avait même adressé des plaintes au directeur qui, deux fois, avait puni M. Whip.

Néanmoins, M. Bardel n'avait pas osé suspendre l'homme-fouet de son service ce soir-là, et il l'avait laissé dans ce corridor où on avait logé en cellule les ouvriers libres et les condamnés les plus jeunes, parmi lesquels se trouvait Ralph.

Les gardiens se relevaient de deux en deux heures pendant le jour et de quatre heures en quatre heures pendant la nuit.

De six à huit heures, M. Whip était allé dîner à la cantine des gardiens, juste au moment où M. Bardel enfermait les condamnés, glissait un poignard à John Colden et laissait ouvertes la cellule de ce dernier et celle de Ralph.

Seulement, le gardien-chef savait que M. Whip devait reprendre le service de huit heures à minuit.

M. Whip n'était pas plus aimé des autres gardiens qu'il ne l'était des condamnés, à une exception près cependant.

Le proverbe «Qui se ressemble s'assemble» est de tous les pays.

Or, il y avait à Gold Bath field un autre gardien, habituellement employé dans la salle des cordages, qui ne le cédait guère en procédés à M. Whip.

Ce gardien se nommait Jonathan.

C'était le seul qui aimât M. Whip et le comprit.

A l'heure des repas, ils s'asseyaient à côté l'un de l'autre. Si leur sortie tombait le même jour, on les voyait visiter ensemble les public-houses du quartier.

Jonathan et M. Whip haïssaient cordialement M. Bardel, qu'ils trouvaient trop doux.

Ce soir-là donc, la même table les ayant réunis comme à l'ordinaire, Jonathan et M. Whip, tout en prenant leur repas, se mirent à dire du mal de M. Bardel.

Jonathan se pencha à l'oreille de son acolyte et lui dit:

—Vous seriez mieux à sa place que lui, mon cher Whip. Parlez-moi d'un homme comme vous pour gardien-chef.

—Heu! fit modestement M. Whip, je saurais mieux remplir mes fonctions toujours.

—Je le crois sans peine, mon cher.

—Mais le directeur est entiché de M. Bardel.

—Il a tort, dit Jonathan.

—C'est mon avis.

—D'autant plus tort que M. Bardel néglige beaucoup son service depuis quelque temps.

—Ah! vous croyez?

—Il songerait même à faire évader quelque prisonnier que cela ne m'étonnerait pas.

M. Whip tressaillit à ces mots et ses yeux brillèrent.

—Qui vous fait parler ainsi? dit-il.

—Depuis deux ou trois jours, M. Bardel sort très-souvent.

—Ah!

—Deux ou trois fois par jour quelquefois.

—Vous croyez?

—Et il est à Queen's-justice.

—Chez notre ancien collègue destitué?

—Justement. Et, ajouta Jonathan, je l'y ai vu, hier, en conférence avec un homme dont la mine ne me plaît pas.

—Vraiment?

Jonathan baissa encore la voix.

—Avez-vous entendu parler des fenians?

—Pardieu! fit M. Whip.

—M. Bardel aurait des relations avec eux que ça ne m'étonnerait pas. Je suis même certain qu'à cette heure-ci, il est hors de la prison.

—Oh! pour cela non, dit M. Whip, il enferme les condamnés du moulin.

—Je vous gage que cette besogne accomplie, il sortira.

M. Whip murmura:

—Je regrette d'avoir pris le service de Burty, mon collègue.

—Pourquoi?

—Parce que j'aurais volontiers suivi M. Bardel, au cas où il se fera ouvrir de nouveau la grille de master Pin.

—Mon cher Whip, répondit Jonathan, nous sommes de vieux amis et il n'est rien que je ne fasse pour vous.

—Que voulez-vous dire?

—Je quitte mon service à l'instant.

—Ah!

—Et je n'ai rien à faire jusqu'à minuit; s'il vous plaît de sortir, je prendrai volontiers votre service.

—Je ne demande pas mieux, dit M. Whip, ce que vous venez de me dire m'intrigue au plus haut point; seulement, attendez que M. Bardel m'ait remis le service et puis vous viendrez me remplacer.

—Comme vous voudrez.

Le programme de M. Whip fut exécuté à la lettre.

L'homme-fouet alla s'installer dans le corridor et rencontra M. Bardel, qui lui dit:

—Je sors un moment, j'ai deux mots à dire à master Pin, je ferai ma ronde à neuf heures.

Et M. Bardel s'en alla au rendez-vous que lui avait donné l'homme gris dans la taverne de la reine.

Dix minutes après, Jonathan arriva et remplaça M. Whip. Alors celui-ci sortit et grâce à sa clef passe-partout qui ouvrait toutes les portes intérieures de la prison, il arriva jusqu'à la grille de master Pin.

Là, il prit une mine un peu effarée.

—Est-ce que M. Bardel n'est pas là? dit-il.

—Non, répondit M. Pin, il doit être à Queen's tavern.

—Il faut que je lui parle pour le service, dit M. Whip.

Le portier-consigne lui ouvrit sans difficulté.

L'homme-fouet se dirigea vers la taverne, mais au lieu d'entrer, il demeura en dehors et colla son visage aux vitres que ne recouvraient qu'imparfaitement des rideaux rouges.

Il aperçut alors M. Bardel en conférence mystérieuse avec l'homme gris.

Cela lui parut louche.

Au bout de quelques minutes, M. Bardel sortit.

M. Whip s'effaça de son mieux et le gardien-chef passa sans le voir.

Au lieu de rentrer dans la prison, le gardien-chef, on le sait, contourna le mur d'enceinte et alla attendre l'homme gris.

Puis celui-ci sortit à son tour de la taverne, suivi par Shoking.

Et ni lui, ni son compagnon, ni M. Bardel ne s'aperçurent que M. Whip les suivait.

XIII

Monsieur Whip était, du reste, un homme prudent.

Il ne s'amusa point à suivre les trois personnages de trop près.

Rasant les murs, dissimulé le plus possible dans le brouillard, il dut s'arrêter à distance et les vit entrer dans la maison à trois étages qui faisait vis-à-vis à la nouvelle prison.

—Où diable vont-ils? se demandait l'homme-fouet.

Il se garda bien de les suivre à l'intérieur de cette maison, mais il demeura au dehors, collé contre le mur d'enceinte, les yeux fixés contre les fenêtres qui paraissaient sans lumière.

Cependant, à force de regarder, il crut s'apercevoir qu'un filet de clarté passait au travers de l'une d'elles.

M. Whip en conclut que cette fenêtre avait des volets intérieurs et que ces volets étaient fermés.

Ce gardien féroce était patient à ses heures.

Il attendit.

Peu après, le filet de lumière s'éteignit.

Puis un bruit se fit dans l'air.

C'était la fenêtre qui s'ouvrait.

Il avait des yeux de lynx, ce M. Whip. En dépit de la nuit et du brouillard, il vit deux têtes apparaître à cette croisée et il en conclut sur-le-champ que l'une de ces deux têtes était celle de M. Bardel.

La voix monte, mais elle ne descend pas.

Évidemment les deux têtes causaient, mais ce qu'elles disaient ne pouvait pas parvenir aux oreilles de M. Whip.

Seulement, mis en éveil sans doute par les paroles de M. Jonathan, son collègue, M. Whip devina ce que M. Jonathan n'avait pas deviné, c'est qu'il pourrait bien être question d'une évasion.

Et il fit des efforts prodigieux pour comprendre, pour deviner ce que les deux têtes pouvaient se dire.

Le brouillard a quelquefois une sonorité merveilleuse.

Par un temps clair il eût été impossible d'entendre d'en bas ce que les deux têtes chuchotaient.

Le brouillard aidant, M. Whip entendit un sourd murmure, un bourdonnement dont il ne pouvait saisir le sens, mais qui lui paraissait cacher d'importantes confidences.

Enfin un mot, un seul, lui arriva distinct.

Mais ce mot fut une révélation.

C'était le mot de corde.

M. Whip eut un battement de coeur.

Du moment où on avait parlé de *corde*, c'est qu'il s'agissait d'une évasion.

Et s'il en était ainsi, c'est que M. Bardel allait être complice de cette évasion.

Dès lors, M. Whip n'avait plus besoin de rien savoir. Son imagination allait suppléer à tout.

Il se glissa le long du mur, se rapetissa, s'éloigna pas à pas d'abord, puis en courant, et M. Bardel n'était pas encore sorti de la maison mystérieuse que M. Whip entrait dans la prison.

M. Pin, en lui ouvrant, ne lui avait fait aucune question.

M. Pin, du reste, était l'homme le moins curieux qu'il y eût au monde.

Il ouvrait et fermait la grille et ne s'occupait jamais du service intérieur de la prison.

En chemin, M. Whip agita dans sa pensée la question de savoir ce qu'il ferait.

Irait-il trouver le gouverneur de la prison et dénoncerait-il M. Bardel?

Il y songea d'abord, mais il renonça à ce moyen presque sur-le-champ.

La prudence lui dit aussitôt que s'il voulait perdre M. Bardel et lui succéder dans le poste de gardien-chef, il fallait pour cela qu'il le surprît en flagrant délit.

Donc M. Whip rejoignit Jonathan.

Jonathan était enveloppé dans son manteau et s'était assis dans une espèce de guérite destinée aux surveillants, à l'extrémité de ce corridor sur lequel ouvraient les cellules des condamnés.

M. Whip avait aux lèvres un sourire mystérieux.

—Eh bien! lui dit Jonathan.

—Vous aviez raison, mon cher.

—Bardel a des intelligences au dehors?

—Oui.

—Avec qui?

—Je ne sais pas. Mais, très-certainement, il cherche à faire évader un prisonnier.

—Ah! ah!

Et Jonathan prit à son tour un air mystérieux.

—Quel est ce prisonnier? poursuivit M. Whip. Je l'ignore.

—Et moi, dit Jonathan, je pourrai bien le savoir.

M. Whip recula et regarda son collègue.

—Vous? fit-il.

—C'est bien M. Bardel qui a fermé les cellules? reprit le gardien Jonathan.

—Oui.

—Eh bien! il en est une qu'il a laissée ouverte.

—Laquelle?

—Le numéro 16. Venez voir.

Le coeur de M. Whip bondit dans sa poitrine.

—C'est celle du petit Irlandais, dit-il.

—Justement. Je vous disais bien qu'il y avait du fenianisme là-dessous.

Jonathan conduisit M. Whip à la cellule numéro 16, et lui démontra, sans le moindre bruit, que la serrure était ouverte et le verrou non poussé.

—Jonathan, dit M. Whip, en lui pressant vivement la main, écoutez-moi bien.

—Parlez.

—Vous allez rester ici.

—Bien.

—M. Bardel viendra à neuf heures.

—C'est probable.

—Il vous demandera pourquoi vous m'avez remplacé; vous lui direz que j'étais malade.

—Très-bien.

—Il se défie certainement plus de moi que de vous, et il se trouvera enchanté de la substitution.

—Vous croyez?

—Puis il vous éloignera sous un prétexte quelconque.

—Et alors que ferai-je?

—Vous tâcherez de gagner, le préau et de vous y cacher.

—Après?

—Je n'ai pas le temps de vous expliquer tout cela en détail mais je suis sûr que M. Bardel conduira le petit Irlandais dans le préau.

—Ah!

—Et qu'il lui ouvrira la porte de la nouvelle prison. Alors vous le suivrez et vous mettrez à crier au secours; j'aurai prévenu les sentinelles, nous accourrons et nous le prendrons en flagrant délit.

—Vous êtes un homme de génie, mon cher Whip, dit Jonathan.

M. Whip longea le corridor, ouvrit la porte du préau, la referma sur lui et disparut.

Il était temps, car cinq minutes après, M. Bardel parut à son tour, couvert de son manteau de nuit, un trousseau de clés à la ceinture et sa lanterne sourde à la main.

Jonathan s'était assis dans sa guérite.

M. Bardel dirigea vers lui la clarté de sa lanterne et tressaillit en reconnaissant qu'il n'avait plus à faire à M. Whip.

—Qu'est-ce que cela? dit-il en s'approchant.

—Excusez Whip, dit Jonathan, il était malade.

—Pourquoi ne me l'a-t-il pas dit? fit sévèrement M. Bardel.

—Il craignait d'être grondé. Pendant que nous dînions, il m'a demandé de le remplacer.

—Il a eu tort, dit sèchement M. Bardel, car vous êtes un mauvais gardien de nuit.

—Pourquoi cela?

—Mais parce que vous vous endormez facilement. Tenez, vous avez les yeux déjà à demi fermés...

—Oh! par exemple!

M. Bardel posa sa lanterne à terre, prit sa tabatière et prit brusquement une prise.

—Tenez, dit-il à Jonathan, faites comme moi, cela vous réveillera.

Et il lui tendit sa tabatière, qu'il avait prestement retournée et dans laquelle Jonathan introduisit ses doigts sans défiance.

XIV

L'homme gris avait donné la tabatière à M. Bardel, en vue du terrible M. Whip, et c'était le cauteleux Jonathan qui y plongeait les doigts.

Mais, aux yeux de M. Bardel, le résultat était le même, puisque c'était M. Jonathan qui remplaçait M. Whip dans la surveillance du corridor.

Jonathan aspira le tabac avec une volupté sans égale.

—Fameux, dit-il, fameux, monsieur Bardel.

—Vous le trouvez bon?

—Excellent, où le prenez-vous?

M. Bardel se mit à rire:

—Mais, mon cher, dit-il, comme on voit bien que vous êtes un mauvais gardien de nuit.

—Pourquoi donc?

—Parce que le sommeil vous gagne tout de suite au point que vous prenez le premier tabac venu, du moment où il vous pique un peu le nez, pour du tabac supérieur.

—Ouais! fit Jonathan.

—C'est du tabac ordinaire, poursuivit M. Bardel, très-ordinaire, à telle enseigne que c'est le landlord de Queen's-justice qui nous le vend.

Et M. Bardel ouvrit de nouveau la tabatière qu'il retourna lestement dans ses doigts et prit une autre prise qu'il aspira avec une lenteur complaisante.

Puis, regardant Jonathan:

—Allons, tâchez de ne pas vous endormir, je reviendrai entre onze heures et minuit.

Et M. Bardel s'en alla, au grand étonnement de Jonathan, qui se disait:

—Les choses ne se passent nullement comme l'avait prédit M. Whip.

Au lieu de m'éloigner sous un prétexte quelconque, c'est M. Bardel, au contraire, qui s'en va.

Et Jonathan se mit à arpenter le corridor d'un pas régulier et monotone, se disant encore:

—M. Whip va revenir, je suppose, quand il n'entendra point parler de moi, et je lui rendrai sa place; car je crois bien que notre haine pour Bardel nous a donné beaucoup d'imagination ce soir.

Là-dessus, M. Jonathan s'avoua qu'il y avait vingt ans passés que M. Bardel était gardien-chef dans Bath square, et qu'il était bien difficile d'admettre, sans une excessive bonne volonté, qu'il faisait métier de faire évader des prisonniers.

Et le gardien murmura:

—Je crois que Whip et moi, nous avions bu un verre de gin de trop, ce soir.

Tout en rendant peu à peu son estime à M. Bardel, Jonathan continuait à se promener; mais un singulier phénomène commençait à se produire en lui.

Il avait froid, et il avait multiplié par deux fois déjà les plis de son manteau autour de son cou.

Il avait froid au point qu'il se dit:

—Je gage qu'on a laissé éteindre le calorifère!

Car, il faut bien le dire, si l'Angleterre est impitoyable pour les voleurs, si elle les punit cruellement, elle n'abandonne pas complétement ses principes de confortable.

Les corridors, les cellules sont chauffés par un calorifère, et les murs sont peints au vernis.

M. Jonathan avait donc si froid, qu'il crut qu'on avait laissé éteindre le calorifère.

—Il y a des courants ici, murmura-t-iL

Et il gagna une sorte de guérite qui se trouvait à l'un des bouts du corridor et dans laquelle le gardien de nuit avait licence de se reposer et de s'asseoir.

Le narcotique absorbé dans la prise de tabac, agissait, comme on le pense bien.

Une fois assis, Jonathan eut encore plus froid. Il voulut se relever, mais il lui sembla que ses jambes étaient engourdies.

En même temps, il éprouva un violent mal à la tête et ses yeux se fermèrent.

—Ah ça qu'est-ce que j'ai donc? murmura-t-il.

Il essaya de secouer la torpeur, qui l'envahissait par tout le corps et ne put y parvenir.

Il voulut crier, appeler au secours, et sa voix ne put se faire jour à travers sa gorge crispée.

Enfin par un dernier et suprême effort, il parvint à ressortir de sa guérite et il voulut se traîner vers cette porte du corridor derrière laquelle, il le supposait, se tenait sans doute M. Whip.

Il fit deux ou trois pas, trébucha et tomba de son haut sur le sol.

La léthargie avait triomphé, et quelques secondes après, on n'entendit plus dans le corridor qu'un ronflement sonore.

Alors la porte du corridor se rouvrit.

Mais ce n'était point M. Whip qui entra.

Ce fut M. Bardel.

M. Bardel était armé de sa lanterne sourde.

Il vint auprès de Jonathan et l'appela.

Jonathan dormait et ne répondit pas.

Il le poussa du pied et ne rencontra qu'une masse inerte.

—Il a son compte, pensa le gardien-chef.

Alors il se dirigea d'abord vers la cellule occupée par John Colden.

L'Irlandais, comme on le pense bien, ne dormait pas.

M. Bardel poussa la porte de la cellule, qui n'était pas fermée, et il l'appela, dans cette langue des côtes d'Irlande que les Anglais ne comprennent pas.

John Colden se glissa hors de la cellule.

—As-tu ton poignard? fit M. Bardel.

—Oui.

—Eh bien! le moment est venu.

—Je suis prêt. Allons.

Ils passèrent auprès de Jonathan et John Colden tressaillit.

Est-ce que vous l'avez tué? dit-il.

—Non, il dort. Il a pris un narcotique.

—Ah!

M. Bardel poussa la porte de la cellule du petit Irlandais.

L'enfant, brisé de lassitude, dormait profondément.

Un moment le frère de Suzannah et le gardien-chef s'arrêtèrent à le contempler.

—Comme il dort bien! dit John.

—Il dormira mieux encore dans une heure, quand il sera dans les bras de sa mère, répondit M. Bardel avec émotion.

Et il secoua doucement l'enfant.

Le gardien-chef n'avait plus un visage farouche; il avait un sourire paternel aux lèvres, et l'enfant ouvrant les yeux lui dit:

—Ah! c'est vous, n'est-ce pas, qui parliez par la porte chaque soir!

—Oui, dit M. Bardel.

—Et qui me parliez de ma mère...

M. Bardel posa un doigt sur ses lèvres.

—Chut! dit-il, lève-toi et viens avec nous.

L'enfant ne se le fit pas répéter. Il s'habilla sans mot dire et sans même demander où il allait.

Alors John et M. Bardel le prirent par la main et lui recommandèrent de marcher sans bruit.

Quand ils furent au bout du corridor, M. Bardel ouvrit la porte qui donnait sur le préau, et il éteignit sa lanterne.

Un silence profond régnait dans le préau et l'obscurité était complète.

M. Bardel marchait le premier.

John Colden donnait toujours la main à l'enfant, à qui il n'osait parler de sa mère, de peur qu'un cri de joie ne lui échappât.

Le préau de la vieille prison était séparé du préau de la prison nouvelle et encore inhabitée, par une porte dont M. Bardel avait la clef.

Cette porte s'ouvrit donc comme l'autre.

—Où allons-nous? demanda alors tout bas John Colden.

—Lève les yeux, dit M. Bardel.

—Bien.

—Vois-tu ma maison de l'autre côté du mur?

—Oui.

—Et une fenêtre ouverte?

—Oui.

—Eh bien! il y a une corde qui pend de cette fenêtre dans le préau. Une corde à noeuds...

John Colden et M. Bardel, conduisant l'enfant, s'approchèrent encore.

Mais soudain, M. Bardel étouffa un cri.

Un homme était assis au pied du mur et tenait un bout de la corde dans ses mains.

Et cet homme se dressa devant M. Bardel dont les cheveux se hérissèrent, en lui disant:

—Ah! ah! je vous prends donc en flagrant délit de trahison?

M. Bardel, frissonnant, avait reconnu la voix de M. Whip, le féroce gardien du tread-mill.

XV

M. Whip était d'autant plus calme qu'il ne doutait pas un seul instant que son ami Jonathan ne marchât derrière M. Bardel et ne fût prêt à lui porter secours.

M. Bardel, lui, avait été un moment épouvanté, non pour lui, mais pour l'enfant qu'il croyait sauvé et qui allait être certainement ramené en prison.

Mais il n'avait pas tardé à reprendre son sang-froid.

—Hé! hé! lui dit M. Whip, nous favorisons donc les évasions, cher ami, nous éloignons les sentinelles... nous nous faisons jeter des cordes par les maisons voisines; heureusement que ce bon M. Whip est là... et que...

M. Whip n'eut pas le temps d'en dire davantage.

M. Bardel, qui était robuste, se jeta sur lui et le saisit à la gorge, disant:

—Tais-toi, misérable, tais-toi!

—A moi, Jonathan, à moi! hurla M. Whip d'une voix étouffée.

John Colden s'était rué sur lui à son tour.

—Frappe, frappe! disait M. Bardel et Dieu sauve l'Irlande!

M. Bardel était robuste, John Colden était une manière de géant.

Néanmoins M. Whip fit une résistance désespérée.

La grande préoccupation du gardien-chef et de John Colden était moins de le terrasser que de l'empêcher de crier, car au moindre bruit on pourrait accourir, et alors tout était perdu.

De telle façon que M. Bardel, qui le serrait à la gorge, ne songea point à lui prendre les bras, et oublia que M. Whip portait toujours sur lui un poignard, avec l'autorisation du gouverneur, depuis un certain jour où une révolte avait éclaté dans le tread-mill et où on avait voulu l'assassiner.

A demi étranglé, M. Whip eut cependant l'énergie de tirer son poignard avec un de ses bras demeuré libre.

—Frappe! répétait M. Bardel à John Colden.

Mais, en ce moment l'Irlandais jeta un cri étouffé.

M. Whip l'avait prévenu en frappant le premier.

—Ah! canaille! murmura John Colden, qui eut la force de riposter.

Cette fois M. Whip ne cria plus, ne se débattit plus.

M. Bardel, qui le serrait toujours à la gorge, le sentit s'affaisser lourdement dans ses bras.

Le poignard de John Colden l'avait frappé au coeur.

—Je crois qu'il a son compte, murmura l'Irlandais.

En effet, M. Bardel desserra les bras et M. Whip tomba sur le sol et s'y allongea comme une masse inerte. Le gardien féroce était mort.

Seul et frémissant, l'enfant était demeuré spectateur muet de cette lutte.

M. Bardel le prit dans ses bras:

—Mon enfant, dit-il, tu es sauvé! tu vas revoir ta mère!...

—Allons, John, poursuivit-il, prends-le sur tes épaules et file.

En même temps, il pesait sur la corde pour la tendre.

Le brouillard était devenu si épais qu'on ne voyait plus ni la fenêtre, ni même la maison.

Cette corde qui était le salut de Ralph semblait pendre du ciel.

John prit l'enfant et le chargea sur ses épaules.

—Tiens-toi bien à mon cou, dit-il.

M. Bardel le lui plaça à califourchon sur les épaules, et l'intelligent petit être passa les bras autour du cou.

Alors John voulut saisir la corde et commencer son ascension.

Mais soudain les forces lui manquèrent, les mains qui serraient la corde se détendirent, un cri sourd lui échappa et il s'affaissa à son tour sur le sol:

—Moi aussi, dit-il, je crois que j'ai mon compte.

Le poignard de M. Whip avait pénétré dans la cuisse de John un peu au-dessous du bas-ventre, et John perdait beaucoup de sang.

Ce fut un moment terrible.

Un moment qui parut à M. Bardel avoir la durée d'un siècle.

Qui donc allait sauver l'enfant?

Ralph, qui était tombé avec John Colden, venait de se relever.

M. Bardel le prit à son tour et lui dit:

—Tiens-toi bien, je vais essayer de te monter, moi.

Le gardien-chef était déjà vieux. Il était lourd et manquait de cette élasticité de membres qui est le privilége de la jeunesse.

Il essaya de grimper après la corde, tandis que John Colden, qui s'était relevé sur un genou, murmurait:

—Sauvez l'enfant, et tout ira bien!

Mais M. Bardel ne parvenait pas s'enlever de terre et la corde menaçait de casser sous son poids.

Tout à coup une voix se fit entendre dans les airs au-dessus de sa tête:

—Lâchez tout! disait-elle.

M. Bardel, tenant toujours l'enfant, retomba sur ses pieds et leva les yeux.

Un homme se laissa glisser en ce moment le long de la corde, et vint dégringoler auprès de M. Bardel.

C'était l'homme gris.

Il vit M. Whip qui n'était plus qu'un cadavre, et il vit John Colden qui perdait tout son sang; il devina ce qui s'était passé.

—J'ai entendu le bruit d'une lutte, dit-il, et je suis descendu. Où est l'enfant?

—Le voilà, répondit M. Bardel.

—Où es-tu blessé? continua l'homme gris en se penchant sur John Colden.

—Là...

—Te sens-tu bien faible?

—Oh! oui... je crois que je vais mourir... mais qu'importe! sauvez l'enfant, dit le courageux Irlandais.

L'homme gris avait tout son sang-froid.

—Il ne s'agit pas de perdre la tête, dit-il, mais il faut les sauver tous les deux.

La corde était assez longue pour que l'homme gris pût l'enrouler autour des reins de John Colden.

—Écoute bien, dit-il; je vais remonter, emportant l'enfant.

Quand j'aurai atteint la fenêtre et mis l'enfant en sûreté, Shoking et moi nous tirerons la corde après nous et nous te hisserons à ton tour.

Puis s'adressant à M. Bardel:

—Quant à vous, faites ce qui est convenu; ce n'est pas cet homme qui vous trahira, puisqu'il est mort.

Et il poussa du pied le cadavre de M. Whip.

—Retournez dans le corridor de la prison, acheva l'homme gris, prenez une prise du tabac que je vous ai donné, et endormez-vous; on ne songera pas à vous accuser.

M. Bardel fit un signe de tête affirmatif.

Alors l'homme gris prit l'enfant, lui recommanda de se bien tenir, et, avec une souplesse et une agilité toute féline, il se mit à grimper après la corde, et John et M. Bafdel le virent monter et disparaître dans le brouillard.

L'enfant était sauvé!

—Allez-vous-en! dit alors John d'une voix faible.

—Adieu... au revoir, plutôt, dit M. Bardel d'une vois émue.

Et il serra la main de John.

—Je crois bien que je suis blessé à mort, dit l'Irlandais, mais je meurs pour la bonne cause...

M. Bardel s'en alla et regagna la porte du préau de la vieille prison.

Pendant ce temps, l'homme gris avait atteint l'entablement de la croisée.

John Colden le comprit, car la corde se détendit tout coup.

Puis elle se tendit de nouveau et l'Irlandais se sentit enlevé de terre.

Mais soudain, le malheureux jeta un cri et retomba sur le sol.

La corde s'était cassée sous le poids de son corps.

—Allons! murmura le fils de l'Irlande, je savais bien qu'il fallait mourir.

Si je guéris de ma blessure, je ne guérirai pas de la cravate que Calcraff, le bourreau de Newgate, me passera autour du cou.

Et résigné, John Colden demeura étendu sur la terre qu'il avait arrosée de son sang.

Et comme ses forces étaient épuisées, il ferma les yeux et murmura:

—Qu'importe la mort de John Colden? l'enfant est sauvé, Dieu protège l'Irlande!

XVI

Six heures du matin venaient de sonner.

C'est l'heure réglementaire où on éveille les prisonniers, et une cloche placée au centre de Bath square se fit aussitôt entendre.

Classés par pénalités, les prisonniers du Cold Bath field ont une administration différente, dans chaque catégorie.

Les condamnés au moulin, qui occupent le centre de la prison, sont pour ainsi dire retranchés dans une espèce de forteresse où les autres condamnés ne pénètrent pas.

Le moulin à son personnel, ses gardiens; il est une prison dans une autre prison.

Le matin, c'est le moulin qui se fait entendre le premier.

Quand son tic-tac monotone et sinistre commence à retentir, les charpentiers et les forgerons se mettent à l'oeuvre et on distribue de l'étoupe aux autres prisonniers.

Ce matin-là, chose bizarre, le moulin ne se fit pas entendre tout d'abord.

Cependant on avait entendu la cloche, et le gardien-chef avait dû ouvrir les cellules des condamnés.

Il y avait, dans le bâtiment affecté au service du moulin, quatre corridors cellulaires, autant de corridors que de cylindres, lesquels venaient aboutir perpendiculairement à une sorte de rond-point à coupole assez élevée.

Sur ce rond-point ouvraient cinq portes.

Ces cinq portes étaient celles des logis réservés aux gardiens, lesquels étaient deux par deux, sauf le gardien-chef qui occupait une cellule à lui tout seul.

Quand les condamnés étaient couchés, quand le gardien-chef, M. Bardel, avait fait son inspection accoutumée et fermé toutes les cellules, y compris celles des ouvriers détenus provisoirement à Bath square, le gardien de nuit prenait son service et son compagnon se couchait.

A six heures du matin, M. Bardel se levait, ouvrait à la fois la porte des quatre corridors et on faisait lever les condamnés.

Donc, ce matin-là, la cloche se fit entendre comme à l'ordinaire; mais M. Bardel ne sortit point de sa cellule.

Sur les quatre gardiens qui avaient dû prendre le service à minuit, trois seulement apparurent à l'extrémité de leur corridor respectif.

Des quatre qui avaient dû se coucher à minuit, trois seulement encore sortirent enfin de leur cellule et tous les six se regardèrent avec un certain étonnement.

Pour bien faire comprendre ce qui allait se passer, il est nécessaire de donner certains détails.

Il y avait donc un corridor par cylindre, avec des numéros correspondants.

Il y avait aussi deux gardiens par corridor, lesquels étaient toujours affectés au même service.

Chacun des deux avait une clef qui ouvrait à la fois sa cellule, la porte de son corridor et celle du préau, mais qui ne pouvait ouvrir ni la porte de la cellule voisine, ni celle d'un des autres corridors:

Seul, M. Bardel, le gardien-chef, avait une clef, vrai chef-d'oeuvre de serrurerie, qui ouvrait toutes les portes indistinctement, hormis cependant la grille de master Pin.

Il est vrai que le gouverneur de la prison avait, lui, une clé qui ouvrait tout, même la grille du portier-consigne.

Or donc, le gardien de nuit du corridor n° 1 sortit en entendant sonner la cloche, et vint frapper à la porte de la cellule qui portait également le n° 1, afin d'avertir son camarade.

Celui-ci sortit.

Les gardiens des nos 2 et 3 un firent autant.

Seul le corridor du n° 4 demeura fermé.

—Qui donc était de nuit? demanda l'un des gardiens.

—Jonathan.

—Comment! dit un autre d'un ton ironique, c'est ce bon M. Whip qui va prendre le service du matin, et il ne se presse pas plus que ça. Il a pourtant entendu la cloche;

—Et Bardel qui dort aussi, fit un troisième.

—Whip, mon cher! cria l'un des gardiens au travers de la porte n° 4.

M. Whip ne répondit pas.

—Hé! Jonathan? dit un autre, en frappant à la porte du n° 4 qui demeurait close.

La porte ne s'ouvrit pas.

—Hé! monsieur Bardel? cria un quatrième, en se dirigeant vers la cellule du gardien-chef, vous n'avez donc pas entendu la cloche?

M. Bardel ne répondit pas davantage.

Le gardien, ayant voulu frapper du poing sur la porte, demeura stupéfait.

La porte, qui n'était point fermée en dedans, comme à l'ordinaire, s'ouvrit sous l'effort du coup de poing et M. Bardel apparut couché tout vêtu sur son lit et profondément endormi.

Armés de leurs lanternes, les gardiens entrèrent, répétant.

—Monsieur Bardel? Mon cher monsieur Bardel?

M. Bardel ronflait.

—Il est ivre mort, dit l'un.

Et il se mit à le secouer.

Mais si puissante que soit l'étreinte de l'ivresse, un homme finit toujours par s'éveiller.

M. Bardel ne remua pas.

Alors les gardiens effrayés se regardèrent.

—Il faut appeler le docteur, dit l'un.

—Et le gouverneur, dit un autre.

En présence de l'état de M. Bardel, on ne songeait plus au corridor et à la cellule n° 4 qui continuaient à demeurer fermés, non plus qu'à Jonathan et à M. Whip, dont on n'avait pas la moindre nouvelle.

L'un des gardiens courut donc chez le docteur.

Le docteur se leva en maugréant, car il n'était pas matinal et s'était même si bien habitué au bruit de la cloche de six heures qu'elle ne le réveillait plus.

Il arriva chez M. Bardel enveloppé dans sa robe de chambre, et à première vue, il s'écria:

—Comment, butors que vous êtes, c'est pour cela que vous m'éveillez? Cet homme est ivre-mort, voilà tout.

Et, à son tour, il secoua M. Bardel sans plus de succès.

—Ah! diable! fit-il alors, je crois qu'on lui a fait prendre un narcotique.

Et il se mit à l'examiner plus attentivement.

Le gouverneur, également prévenu, était arrivé en toute hâte.

Aux premiers mots qu'on lui dit, il soupçonna quelque événement extraordinaire.

On chercha la clef que M. Bardel portait toujours à sa ceinture et on ne la trouva pas.

Alors le gouverneur, laissant le dormeur aux mains du docteur, se fit accompagner par deux des gardiens, et, à l'aide de sa propre clef, il ouvrit la cellule n° 4.

M. Whip n'y était pas.

Le lit n'avait pas même été foulé.

De la cellule, le gouverneur, qui fronçait le sourcil, passa à la porte du corridor, dans lequel on n'entendait aucun bruit.

Cette porte ouverte, il prit la lanterne d'un des gardiens et marcha le premier.

Au quatrième pas qu'il fit, il se heurta à Jonathan, étendu tout de son long sur le sol et dormant comme dormait M. Bardel.

—Oh! oh! pensa le gouverneur, tout cela est bien extraordinaire.

Il fit quelques pas encore et vit une cellule ouverte.

Alors le gouverneur comprit tout.

On avait endormi le gardien-chef et Jonathan pour favoriser une évasion.

Et, s'arrêtant brusquement, il ordonna qu'on allât lui chercher quatre des soldats qui occupaient chaque soir le poste de la prison.

XVII

Le gouverneur avait donné cet ordre par mesure de prudence.

Bien qu'il appartînt à l'armée; et qu'il fût très-brave, cet officier se souvenait d'une révolte récente où, sans l'intervention des soldats, M. Whip, lui et tous les gardiens de la prison eussent été massacrés.

Les soldats arrivèrent.

Alors le gouverneur se mit à leur tête et continua l'inspection du corridor.

Il trouva une deuxième cellule ouverte et vide.

M. Bardel seul aurait pu dire quels étaient les prisonniers qui les avaient occupées; mais M. Bardel dormait, et le docteur faisait de vains efforts pour l'arracher à sa léthargie.

Le gouverneur continua son chemin jusqu'à la porte du préau.

Cette porte, contre toute habitude, était ouverte.

C'était donc par là que les deux prisonniers étaient sortis.

Le préau était sablé.

Le gouverneur abaissa sa lanterne jusqu'auprès du sol, et il distingua nettement l'empreinte de plusieurs pas.

En examinant ces empreintes avec attention, on trouva deux pieds d'homme et un pied d'enfant.

La lumière commençait à se faire. Le pied d'enfant était certainement celui du petit Irlandais.

Les gardiens de Bath square portent un uniforme, comme les employés de toutes les prisons du monde, et par conséquent, on leur donne des chaussures identiques.

Il ne fut pas difficile au gouverneur de reconnaître, dans l'une des empreintes, le soulier ferré d'un gardien.

L'autre paraissait être celle d'un homme étranger à la prison.

Quel était le gardien qui avait passé par là, sinon M. Whip, dont on continuait à n'avoir pas de nouvelles, puisque M. Bardel et Jonathan, qui, seuls avec lui, avaient pu pénétrer dans la prison par ce chemin, étaient plongés dans un profond sommeil?

Le gouverneur, les gardiens et les soldats suivirent les empreintes des pas, et arrivèrent ainsi à la muraille qui séparait la prison des nouveaux bâtiments en construction.

Là se trouvait une porte dont M. Bardel avait seul la clé.

Mais puisqu'on n'avait pas retrouvé cette clef sur le gardien-chef, il fallait bien admettre que M. Whip la lui avait volée.

Le gouverneur ouvrit cette porte et pénétra le premier dans le préau neuf.

Alors de sourds gémissements parvinrent à son oreille.

Ces gémissements se faisaient entendre au pied du mur d'enceinte.

Il n'était pas jour encore, et le brouillard était toujours très-épais.

Le brouillard de Paris est blanc et presque toujours transparent.

Celui de Londres est rougeâtre et presque toujours opaque.

Le gouverneur fut donc obligé de guider sa marche avec l'ouïe, bien plus qu'avec la vue, et il arriva ainsi, suivi des gardiens et des soldats, jusques au pied du mur.

Les gémissements redoublèrent à son approche.

Alors, baissant sa lanterne, le gouverneur vit un homme qui se tordait sur le sol et paraissait en proie à de vives souffrances.

—C'est un des ouvriers, dit l'un des gardiens, il travaillait à reconstruire le mur du moulin, je le reconnais.

C'était en effet John Colden qui, revenu d'un long évanouissement, ranimé sans doute par le froid de la nuit, et souffrant beaucoup, appelait à son aide.

—Qui êtes-vous? dit le gouverneur en se penchant sur lui.

Mais soudain une exclamation d'horreur échappa à l'un des gardiens.

A trois pas de John Colden se trouvait le cadavre de M. Whip.

Le gouverneur avait cru un moment être sur la trace de la vérité.

Selon lui, Whip, acheté par des gens du dehors, avait endormi successivement M. Bardel et Jonathan, afin de favoriser l'évasion d'un prisonnier.

Mais on retrouvait M. Whip frappé d'un coup de poignard et mort.

Sa face violacée, sa langue tirée, sa cravate fortement serrée autour de son cou et ses vêtements déchirés attestaient qu'il avait soutenu une lutte.

M. Whip avait donc péri victime de son devoir.

Ce n'était plus un traître, c'était un martyr.

John Colden, qui avait perdu beaucoup de sang, était hors d'état de pouvoir donner le moindre éclaircissement sur ce mystérieux événement.

Cependant on retrouva enroulée autour de son corps une partie de la corde à noeuds.

C'était une preuve que John Colden, hissé au moyen de cette corde jusqu'à une certaine hauteur, était retombé, par suite de sa rupture, et que ses complices l'avaient abandonné.

Le gouverneur essaya de le questionner; mais il ne put rien obtenir de lui.

Soit faiblesse, soit parti pris, John Colden secoua la tête, se bornant à murmurer qu'on pouvait faire de lui tout ce qu'on voudrait.

On le transporta ainsi que le cadavre de M. Whip à l'intérieur de la prison.

Là, il fût constaté que le prisonnier évadé n'était autre que le petit Irlandais;

Le docteur avait employé des sels très-violents et triomphé de la léthargie de M. Bardel.

Celui-ci, revenant enfin à lui, vit le gouverneur à son chevet, et commença par promener autour de lui un regard hébété.

Mais il devinait ce qui s'était passé, et il n'eut garde d'oublier son rôle.

Il raconta que, la veille, il avait acheté du tabac, ce qui était parfaitement vrai, du reste, à Queen's tavern, mais que M. Whip, qui s'y trouvait en même temps que lui, lui avait dit qu'il en achetait de bien meilleur dans un bureau de Picadilly, et qu'il lui avait offert de lui en faire goûter.

Il ajouta qu'en effet, un peu avant neuf heures, M. Whip était entré dans sa cellule et lui avait donné de son tabac; puis, qu'il était allé prendre son service.

A neuf heures, M. Bardel avait fait son inspection habituelle et avait été très-étonné de trouver dans le corridor numéro quatre, non plus M. Whip, mais Jonathan, qui sommeillait à demi dans sa guérite; qu'alors il lui avait offert une prise de tabac.

A partir de ce moment, achevait M. Bardel, ses souvenirs étaient de plus en plus confus. Il avait été pris d'un violent mal de tête, était rentré dans sa cellule et s'était assis sur son lit.

Dès lors, il ne se souvenait plus de rien.

M. Bardel était employé à Cold Bath field depuis plus de vingt ans.

Il s'était toujours montré très-zélé dans son service et on n'avait aucune raison de douter de la véracité de son récit.

Malheureusement pour lui, Jonathan venait également de s'éveiller, grâce aux soins du docteur.

Et Jonathan, apprenant la mort de M. Whip, l'évasion du petit Irlandais et l'arrestation de John Colden, Jonathan demanda à parler au gouverneur en particulier.

Celui-ci s'enferma avec le gardien qui lui dit:

—C'est M. Bardel qui a favorisé l'évasion du prisonnier.

—Prenez garde, lui dit le gouverneur, vous accusez un homme jusque-là irréprochable.

—Je l'accuse, dit Jonathan avec conviction, parce que j'ai les preuves de sa trahison.

—De qui les tenez-vous?

—De M. Whip.

—Il est mort.

—Cela ne m'étonne pas, car en m'endormant, je n'ai pu, comme c'était convenu, lui porter secours.

Et Jonathan raconta ce qui s'était passé la veille.

Alors le gouverneur pensa qu'il ne pouvait faire autrement que d'avertir la police et demander un magistrat qui vint faire une enquête minutieuse sur les événements dont la prison avait été le théâtre pendant la nuit précédente.

XVIII

Avant d'aller plus loin, reportons-nous au moment où l'homme gris était remonté dans les airs, le petit Irlandais sur les épaules.

Nous l'avons dit, pendant cette nuit-là, le brouillard était si épais que, de cette fenêtre d'où pendait la corde, il était impossible de voir le sol du préau.

A neuf heures précises, la corde, solidement attachée à l'entablement de la croisée, avait été lancée dans le préau par-dessus le mur d'enceinte.

A neuf heures quelques minutes, la sonorité du brouillard avait permis à Shoking et à l'homme gris, penchés à cette même fenêtre, d'entendre un bruit de pas sur le sable.

—Ce sont eux, avait dit Shoking; tout va bien.

Mais presque aussitôt un murmure confus de voix était monté jusqu'à eux, puis le bruit d'une lutte, puis un cri... puis...plus rien!

Suzannah et Jenny s'étaient mises à genoux dans un coin de la chambre et priaient avec ferveur.

Par deux fois, la corde s'était tendue.

L'homme gris et Shoking pensaient que M. Bardel et John Colden s'étaient débarrassés de quelque sentinelle importune.

Mais la corde ne demeura point tendue, et un dernier cri se fit entendre.

Alors l'homme gris n'hésita plus, et il enjamba l'entablement de la croisée.

—Qu'y a-t-il donc? lui dit Shoking avec épouvante.

L'homme gris ne répondit pas.

Il s'était laissé glisser le long de la corde, et nous savons ce qui s'était passé dans le préau.

Il s'écoula cinq minutes.

Cinq minutes d'angoisses mortelles pour la pauvre mère, pour Suzannah et pour Shoking.

Enfin la corde se tendit et Shoking sentit son coeur battre à outrance.

Puis, au bout de quelques secondes, l'homme gris reparut.

L'enfant était sur ses épaules, et, quand tous deux eurent franchi l'entablement de la croisée, la pauvre Irlandaise murmura d'une voix mourante, en sentant autour de son cou les petits bras de son fils:

—Mon Dieu! il me semble que je vais mourir...

—On ne meurt pas de joie, répondit l'homme gris.

Et en même temps il dit à Shoking:

—Maintenant à John Colden!

—John! exclama Suzannah!

—Oui, il s'est battu avec un gardien...

—Mon Dieu!

—Il est blessé... mais légèrement... je lui ai enroulé la corde autour du corps, nous allons le tirer à nous.

Shoking avait compris la manoeuvre.

L'homme gris et lui s'emparèrent de la corde et se mirent à tirer à eux.

Déjà la corde s'enroulait sur le plancher, lorsque tout à coup ils éprouvèrent une secousse qui fut suivie d'un bruit sourd et d'un cri de douleur.

C'était la corde qui venait de casser.

John Colden était retombé sur le sol du préau.

—Malédiction! murmura l'homme gris.

Cependant il ne perdit ni son sang-froid ordinaire, ni sa merveilleuse présence d'esprit.

—Tire à toi tout ce qui nous reste de corde, ordonna-t-il à Shoking.

La corde avait soixante noeuds, quand elle était entière.

Shoking n'en retira que vingt-neuf.

Elle s'était donc rompue à peu près vers le milieu.

—Impossible, murmura l'homme gris, de descendre désormais.

—Pourquoi? demanda Suzannah.

—Parce que la corde est trop courte, et que celui de nous qui descendrait se tuerait sans profit pour John.

—Mais, s'écria Suzannah, John est blessé.

—Oui.

—On le trouvera dans le préau.

—Certainement, dit l'homme gris avec flegme.

—On l'accusera d'avoir favorisé l'évasion de l'enfant.

—Sans aucun doute.

—Et on le condamnera à la prison.

—On fera mieux, dit froidement l'homme gris, on le condamnera à mort, car il a tué un des gardiens.

Suzannah jeta un grand cri et se mit aux genoux de l'homme gris.

—Oh! dit-elle, sauvez-le, au nom du ciel, au nom de l'Irlande, sauvez-le!

—Certainement, je le sauverai, dit-il froidement, mais pas aujourd'hui, car aujourd'hui c'est impossible...

Jenny l'Irlandaise couvrait son fils de baisers et ne paraissait plus savoir en quel lieu elle se trouvait.

—Ah! maman, disait l'enfant, j'ai bien souffert, va! ils étaient bien méchants, tous ces hommes! si tu savais comme ils m'ont battu!

Suzannah pleurait à chaudes larmes.

Shoking se pencha sur elle et lui dit:

—Aie confiance, ma chère. Quand l'homme gris promet quelque chose, c'est sacré comme la parole de Dieu. Il t'a dit qu'il sauverait John, il le sauvera.

Tout à coup un bruit, un son plutôt, traversa l'espace. C'était l'horloge de l'église voisine qui sonnait la demie de neuf heures.

L'homme gris tressaillit et dit:

—Nous nous attardons ici, comme si nous étions en sûreté. Partons!

Il prit Suzannah par la main:

—Mais ne pleurez donc pas, enfant, dit-il, je vous ai dit que je sauverai John. Vous ne croyez donc plus en moi?

—Oh! si, répondit Suzannah.

Shoking avait retiré le fragment de corde et fermé les volets de la fenêtre.

Alors l'homme gris ralluma la lampe et dit:

—Maintenant, pas de bruit; le cab est en bas, au coin de la rue; il faut partir.

Les deux femmes, l'enfant, Shoking et l'homme gris s'engouffrèrent alors sans bruit dans l'étroit escalier et, quelques secondes après, ils étaient dans la rue.

Un cab à quatre places attendait, appuyé contre le mur d'enceinte.

Shoking s'approcha, du cocher.

—Est-ce toi? dit-il.

—C'est moi, répondit une voix qui n'était autre que celle de Jack, dit l'Oiseau-Bleu.

Les deux femmes entrèrent dans la voiture avec l'homme gris.

Shoking monta à côté du cocher.

Alors, Jack fit clapper sa langue, siffler son fouet, et le cab partit au grand trot d'un cheval vigoureux.

L'homme gris avait pris la main de Jenny l'Irlandaise et lui disait:

—Votre fils vous est rendu, mais il a subi une condamnation, il ne vous appartient plus, et la police, désormais à sa recherche, vous le reprendra si elle le trouve.

Jenny entoura l'enfant de ses bras et répondit avec un accent de lionne:

—Oh! je le défendrai!

—Il vaut mieux, reprit l'homme gris, se mettre à l'abri de la police.

—Comment?

—Voilà ce dont je me charge si vous avez foi en moi.

Elle eut un frisson d'épouvante.

—Est-ce que vous voudriez encore me séparer de lui? dit-elle.

—Non, je m'arrangerai même de telle manière que vous puissiez le voir chaque jour et presque à toute heure.

—Ah! fit-elle, regardant avidement le libérateur de son fils.

—Avez-vous entendu parler du *Christ's hospital?* demanda encore l'homme.

—Non, répondit la pauvre femme.

—Eh bien! c'est un collége, et quand l'enfant a revêtu l'uniforme de ce collége, il est inviolable.

La pauvre mère regarda encore l'homme gris et parut se suspendre à ses lèvres.

Le cab roulait rapidement; durant ce temps, il avait gagné Piccadilly, descendu Hay-Market, traversé Pall-Mall, passé devant la statue de Charles Ier à Charing Cross, longé White-Hall, et il arrivait sur le pont de Westminster.

La Tamise sombre et bourbeuse roulait au-dessous son flot couvert de brouillard.

XIX

L'homme gris poursuivit tandis que le cab roulait sur le pont et se dirigeait vers ce quartier de Londres qu'on nomme le *Southwark*:

—Tout ce que je pourrai vous dire maintenant, ma chère, ne vous apprendrait pas grand'chose.

Votre fils est placé entre deux dangers: d'une part, la justice qui l'a frappé et cherchera à le reprendre; de l'autre un ennemi pire encore, le frère ennemi de son père, le misérable qui a envoyé sir Edmund à l'échafaud, lord Palmure.

A ce nom Jenny frissonna.

—Il faut donc qu'on trouve à votre enfant un autre nom, qu'on lui fasse une identité nouvelle, et qu'on jette sur ses épaules un manteau auquel nul ne puisse toucher.

Tout cela, je le ferai. Mais il me faut deux jours au moins, et pendant ces deux jours, je ne puis vous mettre, vous et votre enfant, à l'abri de tout danger que si vous m'obéissez aveuglément.

—Ne vous ai-je pas obéi déjà? dit l'Irlandaise avec douceur.

—Si, répondit l'homme gris.

Et, rêveur, cet homme étrange se pencha à la portière du cab et se mit à contempler la Tamise qui avait l'air, en ce moment, d'un immense champ de brouillard semé, çà et là, d'étoiles sans rayons, car les réverbères luttaient en vain contre cette obscurité toujours croissante.

Le cab arriva de l'autre côté du pont, et bientôt il roula dans Saint-George-road.

Dix minutes après, il s'arrêta.

—Nous sommes arrivés, dit l'homme gris. Descendez, ma chère.

Et il sauta lestement à terre et prit l'enfant dans ses bras.

Alors, jetant les yeux autour d'elle, Jenny vit une place déserte, des maisons chétives, de petites ruelles noires, et au milieu une église dont les arceaux et le clocher étaient estompés dans le brouillard.

Un cimetière clos d'une petite grille l'entourait.

C'était Saint-George, l'église cathédrale des catholiques de Londres.

L'homme gris dit alors à Jack et à Shoking:

—Emmenez Suzannah, vous saurez toujours bien où la cacher.

—Oh! je m'en charge, moi, dit Jack.

—Et moi aussi, fit Shoking: faut-il donc vous quitter, maître?

—Oui, répondit l'homme gris, seulement, demain matin, à la première heure, ajouta-t-il, s'adressant toujours à Shoking, tu te rendras à Saint-Gilles.

—Oui, maître.

—Tu iras droit à la sacristie et tu demanderas à parler à l'abbé Samuel.

—Bien.

—Et tu lui diras: Tout va bien, l'enfant est sauvé.

Jack et Shoking s'en allèrent emmenant Suzannah, et l'homme gris, prenant Jenny par la main, la fit entrer dans le cimetière, dont la grille était ouverte.

—Ici, dit-il, nous sommes en sûreté déjà, il n'y a pas un agent de police dans toute l'Angleterre qui oserait arrêter un criminel dans un cimetière.

Cheminant au travers des tombes, dont les pierres blanches tranchaient sur l'obscurité, ils contournèrent l'église et arrivèrent derrière le choeur.

Là, il y avait une petite porte à laquelle l'homme gris frappa trois coups.

Cette porte s'ouvrit presque aussitôt.

Alors un rayon de clarté vint frapper l'Irlandaise et son fils au visage.

Un homme se montrait au seuil de cette porte, une lanterne à la main.

L'homme gris lui dit:

—C'est nous que vous attendez.

—Qui vous envoie? demanda cet homme.

—Celui à qui nous obéissons tous jusqu'au jour où le maître suprême sera devenu homme, répondit le sauveur de Ralph.

—Entrez, dit celui qui tenait une lampe.

C'était un vieillard courbé par l'âge et dont la longue barbe blanche descendait jusque sur sa poitrine.

Il portait une calotte noire sur le dessus de la tête et était vêtu d'une sorte de houppelande noire qui pouvait passer pour une soutane.

En outre ses épaules étaient couvertes d'un léger surplis blanc, ce qui était comme un indice de sa profession semi-cléricale et semi-laïque.

Cet homme, qui n'était que tonsuré, était le sacristain de Saint-George.

L'Angleterre est dure aux catholiques.

Elle les tolère, mais elle ne veut rien faire pour eux.

C'est à leurs frais qu'ils ont construit leurs églises, à leurs frais que leurs prêtres vivent.

Elle était bien froide et bien nue cette cathédrale, aussi froide, aussi nue, et plus misérable d'aspect encore que la pauvre église de St-Gilles que nous connaissons déjà.

L'homme au surplis ferma la porte quand les voyageurs nocturnes furent entrés.

Marchant le premier, il leur fit traverser le choeur, passa derrière le maître-autel et poussa une nouvelle porte devant lui.

Cette porte donnait sur un étroit corridor à l'extrémité duquel il y avait un petit escalier tournant, dans lequel le sacristain s'engagea.

Cet escalier conduisait à son logis, qui se trouvait dans la tour du clocher.

A la fois sacristain et gardien de l'église, cet homme vivait seul, la nuit, dans l'édifice et habitait une chambrette dans laquelle il y avait un pauvre lit de sangle, et deux chaises de paille.

—Voilà votre refuge et celui de votre enfant, dit l'homme gris à l'Irlandaise. Au nom de la cause que nous servons, au nom de votre fils que l'Irlande attend comme un rédempteur, je vous supplie de ne pas bouger d'ici jusqu'au jour où je viendrai vous avertir.

Nul ne soupçonnera votre présence dans cette église, nul ne viendra vous y chercher; et la police, fût-elle avertie, n'oserait pénétrer jusqu'à vous. Mais alors elle établirait à l'entour comme une vaste souricière et vous seriez prisonnière de nouveau et pour longtemps sans doute.

—Oh! que m'importe? fit-elle en prenant son fils dans ses bras.

—Jenny, reprit l'homme gris d'une voix solennelle, jurez-moi que vous ne quitterez pas cette chambre.

—Je vous le promets, dit-elle, sur les cendres de mon époux martyr.

—Adieu donc, fit-il, au revoir plutôt.... car avant deux jours vous entendrez parler de moi.

Il embrassa l'enfant, il serra la main de la mère, et s'en alla, reconduit par le sacristain.

Lorsqu'ils furent dans l'église, l'homme gris se tourna vers le vieillard.

—Ainsi, dit-il, cela est bien vrai, chaque matin, aux premières clartés de l'aube, une femme vêtue de noir vient pleurer et prier sur une tombe.

—Oui, répondit le sacristain, nous sonnons l'*Angelus* à six heures, et l'*Angelus* sonné, je vais ouvrir la grille du cimetière.

—Elle ne reste donc pas ouverte?

—Non. Je l'avais laissée entre-bâillée pour vous ce soir.

—Après?

—A peine la grille est-elle ouverte que cette femme, dont je n'ai jamais pu voir le visage, car elle le couvre d'un voile épais, se glisse dans le cimetière.

—Et vers quelle tombe va-t-elle? L'avez-vous remarqué?

—Oui.

—Pourriez-vous m'y conduire?

—Sans doute.

Le sacristain ouvrit la porte, et portant toujours sa lanterne, il descendit les deux marches qui donnaient accès dans le cimetière.

L'homme gris le suivait, et ils se mirent à cheminer lentement à travers les tombes.

XX

L'homme gris se disait, pendant que le sacristain portait sa lanterne au ras de terre et en projetait la lueur sur les tombes:

—Si c'est la femme que je crois, il faudra bien que lord Palmure devienne, entre mes mains, un instrument docile, et je combattrai miss Ellen à armes égales.

Après quelques minutes de recherche, le sacristain s'arrêta:

—Ce doit être là, dit-il.

L'homme gris prit la lanterne des mains du sacristain et l'approcha d'une pierre étroite et haute, sur laquelle on avait gravé ces mots:

ICI REPOSE

DICK HARRISSON

MORT D'AMOUR A L'ÂGE DE VINGT ANS.

—Et c'est sur cette tombe que vient s'agenouiller cette femme? dit l'homme gris.

—Oui, monsieur.

L'inscription tumulaire ne portait aucune date. Cependant la pierre n'était pas encore couverte de cette mousse grisâtre dont le temps tisse la livrée des tombeaux.

—Depuis quand cette tombe est-elle creusée? demanda l'homme gris.

—Comment voulez-vous que je le sache, monsieur? répondit le sacristain. On enterre ici tous les dimanches plusieurs personnes à la fois. Bien que ce champ de repos ne renferme que des catholiques, tous ne sont pas de notre paroisse.

Il y a des paroisses dans Londres qui n'ont pas d'église de notre culte, il y en a même beaucoup. Il advient donc que le dimanche, de très-grand matin, il nous arrive jusqu'à dix et quinze cercueils de différents points de la ville, accompagnés d'un prêtre, sous les yeux duquel on leur donne la sépulture.

Et puis, voyez-vous, je suis vieux et je n'ai pas beaucoup de mémoire.

Ensuite, l'administration du cimetière, bien qu'il touche à l'église, ne me regarde pas. Cela fait que je ne m'en occupe guère autrement que pour ouvrir la grille, chaque matin, quand j'ai sonné l'*Angelus*.

Cependant, la ténacité, la régularité de cette femme m'a frappé, et j'en ai parlé à l'abbé Samuel, lorsqu'il est venu hier.

—C'est bien, mon ami, dit l'homme gris, je sais ce que je voulais savoir.

Et il fit un pas de retraite.

Mais, au lieu de se diriger vers la grille du cimetière, il reprit le chemin de la petite porte qui donnait accès dans l'église, au grand étonnement du vieillard, qui lui dit:

—Est-ce que vous voulez revoir la personne que vous m'avez amenée?

—Non, dit l'homme gris.

Et il entra dans l'église.

—Mon ami, dit-il alors, je désire attendre ici l'heure où cette femme vient.

Il se dirigea vers le confessionnal qui se trouvait au milieu de l'église, y entra, s'enveloppa dans son manteau, et y chercha la position la plus commode pour dormir.

Le sacristain savait qu'il avait affaire à un homme tout-puissant dans ce parti mystérieux à la tête duquel était l'abbé Samuel.

Il s'inclina donc, se bornant à dire:

—Devrai-je vous éveiller?

—Oui, quand vous sonnerez l'*Angelus*.

L'homme gris se couvrit la tête d'un pan de son manteau.

Le sacristain s'en alla après avoir fermé soigneusement les portes de l'église.

Plusieurs heures s'écoulèrent, et la nuit tout entière.

Les gens qui passaient au dehors et regardaient l'église Saint-George, ne se fussent guère doutés qu'elle abritait quatre personnes, tant elle fut silencieuse jusqu'au matin.

L'homme gris dormait.

Enfin une lueur brilla dans le fond du choeur et vint frapper la grille de bois du confessionnal.

L'homme gris s'éveilla.

Il vit le vieillard, la lanterne à la main, sortant de la sacristie, où il avait passé la nuit sur une chaise, se diriger vers la porte du clocher.

Une seconde après, l'*Angelus* tinta.

Alors le sacristain se dirigea vers le confessionnal pour éveiller l'homme gris. Mais celui-ci en sortit et vint à sa rencontre.

—Je vous ai entendu, lui dit-il. Allez ouvrir la grille du cimetière. Je vous suis.

Ils sortirent de nouveau par la petite porte du choeur.

Il était nuit encore, mais quelques rayons blafards glissaient à travers le brouillard toujours épais.

L'homme gris se dirigea vers cette tombe qu'il avait remarquée la veille au soir, puis, après l'avoir reconnue, il s'en éloigna de quelques pas et se dissimula derrière un monument plus élevé.

A peine le sacristain, après avoir ouvert la grille, était-il entré dans l'église, qu'un bruit léger se fit entendre.

En même temps, l'homme gris vit une forme noire qui s'avançait au milieu des tombes.

Oh! elle ne chercha point son chemin, elle n'hésita pas une seconde.

Elle vint droit à cette pierre qui recouvrait le corps du pauvre enfant mort d'amour et s'y prosterna.

Immobile à deux pas de distance, l'homme gris entendit alors des sanglots et des paroles entrecoupées.

La femme voilée et vêtue de noire disait:

—Mon fils, mon enfant..., mon bien-aimé Dick, c'est donc vrai que les morts ne reviennent pas... et que jamais plus ils ne se manifestent à ceux qui les ont tant aimés... Dick, mon enfant, ne m'entends-tu donc pas?

Et la malheureuse femme se frappait la poitrine et sanglotait à fendre l'âme.

Elle appela longtemps son fils qui ne lui répondait pas; elle pria et pleura longtemps.

Puis tout à coup, elle se leva et eut comme un mouvement d'effroi.

Le jour avait grandi, et de rouge qu'il était pendant la nuit, le brouillard était devenu blanc.

Comme si elle eût craint d'être surprise sur cette tombe, la pauvre mère prit la fuite, après avoir mis un baiser sur cette pierre qui portait le nom de son fils.

Alors, étouffant le bruit de ses pas, l'homme gris se mit à la suivre.

Il franchit après elle la grille du cimetière; après elle, il se trouva dans la rue.

Elle marchait rapidement, et il avait peine à ne pas la perdre de vue.

Autour de Saint-George, il y a un dédale de petites rues mal bâties, tortueuses et habitées par une population misérable.

La femme voilée entra dans ce labyrinthe et s'arrêta dans Adam's street.

Il y avait là une maison de chétive apparence, aux murs noircis, avec une porte bâtarde ouvrant sur une allée noire.

Comme elle allait s'y engager, l'homme gris lui mit la main sur l'épaule.

Elle se retourna en étouffant un cri d'effroi.

Mais l'homme gris lui fit un signe, ce signe mystérieux que les Irlandais affiliés au fenianisme connaissent tous.

Et le cri prêt à s'échapper de sa gorge y rentra, et elle regarda cet inconnu au travers de son voile épais, avec une indicible anxiété.

—Vous êtes la mère de Dick Harrisson? lui dit-il.

—Oh! répondit-elle, ne prononcez pas ce nom, monsieur, ne le prononcez pas... par pitié!...

—J'étais son ami, dit l'homme gris.

—Vous?

Et elle le regarda avec un redoublement d'angoisse.

—Et vous êtes sa mère, ajouta-t-il.

—Monsieur... par pitié... ne le dites pas... si vous saviez combien je suis persécutée... On me croit morte, moi aussi!...

—Ah! fit l'homme gris.

—Je n'ai plus qu'une joie en ce monde, poursuivit-elle d'une voix mouillée de larmes, celle d'aller chaque matin prier sur sa tombe... Eh bien! si ceux qui ont causé sa mort savaient que j'existe, ils me retireraient ce dernier bonheur.

—Ils eussent pu le faire hier encore, dit l'homme gris; ils ne le pourraient plus aujourd'hui.

—Pourquoi? demanda la pauvre mère avec un accent hébété.

—Parce que je vous protège, répondit l'homme gris, que j'étais l'ami de votre fils, que je suis l'ennemi mortel de miss Ellen Palmure, pour laquelle le malheureux enfant s'est donné la mort.

Cette fois, la pauvre mère jeta un cri.

—Chez vous... entrons chez vous, dit encore l'homme gris; car, pour le venger, il me faut tout savoir!

XXI

L'homme gris avait pris la main de la pauvre mère, et il la magnétisait, pour ainsi dire, de son regard pénétrant et dominateur.

—Allons chez vous, répéta-t-il.

Elle ne résista point à cette injonction; elle le conduisit au fond de l'allée noire, lui fit monter le petit escalier tournant à marches usées, arriva au second étage et tira une clef de sa poche. Puis elle ouvrit une porte, et l'homme gris se trouva au seuil d'une chambre assez propre, quoique misérablement meublée.

Dans le fond de cette chambre, il y avait une autre porte, et la pauvre mère, étendant la main vers elle, dit:

—C'est là qu'il est mort!...

Elle se laissa tomber sur une chaise et regarda de nouveau l'homme gris.

—Ainsi, dit-elle, vous avez connu mon Dick?

—Oui.

—Vous étiez son ami?

—Oui, dit encore l'homme gris.

—Où donc l'aviez-vous rencontré?

—Au public-house de White-Hall.

—Je ne sais pas quel est l'endroit dont vous parlez, répondit-elle, mais je sais que mon Dick, depuis longtemps, sortait beaucoup le soir. Où allait-il? hélas! il ne me le disait pas. Il y avait près d'un an que le pauvre enfant était comme fou...

—J'ai quitté Londres, poursuivit l'homme gris. Quand j'y suis revenu, votre fils était mort. On me l'a appris au public-house dont je vous parle, et on m'a dit qu'il était mort d'amour. Comment? je l'ignore, et il faut pourtant que je le sache.

Il parlait d'une voix grave et pleine d'autorité qui impressionnait vivement la pauvre femme.

Évidemment, en parlant ainsi, il disait vrai, il avait très-certainement rencontré Dick Harrisson au public-house de White-Hall, en face de l'amirauté et d'une des entrées de Hyde-Park. La femme vêtue de noir avait relevé son voile.

L'homme gris vit alors une personne encore jeune, bien que le chagrin eût creusé sur son visage, qui avait dû être fort beau, des rides précoces, et blanchi ses abondants cheveux, autrefois d'un blond cendré.

—Je vais tout vous dire, dit-elle, car j'ai beau me réfugier dans l'amour de Dieu qui ordonne le pardon des injures, une voix secrète s'élève sans cesse au fond de mon coeur et me crie que la mort de mon enfant ne peut rester impunie.

—Parlez, dit l'homme gris, en lui prenant la main, je vous écoute.

Alors elle lui fit le récit suivant:

—«Je suis Irlandaise, mon mari était Anglais. Soldat de marine, il s'était épris de moi, pendant un séjour que fit son navire dans la rade de Cork, et malgré la différence de religion qui existait entre nous, il m'épousa.

Je le suivis à Londres; il espérait quitter le service de mer et obtenir un petit emploi dans les bureaux de l'amirauté.

Ses démarches et celles de ceux de ses chefs, qui s'intéressaient à lui, demeurèrent infructueuses.

Un an après notre mariage, il fut obligé de prendre la mer et me laissa à Londres, où je devins mère quelques jours après son départ.

Depuis lors je ne l'ai plus revu.

Le navire qu'il montait fit naufrage et se perdit corps et biens.

On me fit une petite pension.

D'abord, je songeai à retourner en Irlande, où j'avais encore des parents, mais l'avenir de mon enfant me fit renoncer à ce projet.

J'entrai comme dame de confiance dans une maison de commerce.

Ce que je gagnais, réuni à ma pension, me permit d'élever mon fils et de lui donner de l'éducation.

A seize ans, il avait acquis une instruction suffisante pour entrer dans une maison de banque et y toucher cent livres d'appointement.

Alors le cher enfant me dit!

«—Je ne veux plus que tu travailles, mère, c'est à mon tour.»

Nous vînmes nous établir ici, dans cette maison, parce que nous connaissions M. Colcram, le propriétaire, qui avait également servi dans la marine et était un ami de mon mari.

Ah! cela n'a duré que deux années, mais pendant ces deux années, monsieur, j'ai été la plus heureuse des femmes.

Mon Dick était laborieux, rangé, affectueux; il ne vivait que pour moi et l'avenir était gros d'espérances pour nous deux.

Hélas! le vent de la fatalité devait souffler bientôt sur nous.

Un soir, M. Colcram, notre logeur,—il crut bien faire, le pauvre homme,— vint nous voir tout joyeux, et dit à mon fils:

—La maison que je tiens à bail est située sur la terre d'un des plus nobles lords d'Angleterre, et j'ai quelquefois affaire à lui, il cherche un secrétaire, et je lui ai parlé de toi: veux-tu que je te présente? Tu auras des appointements doubles, pour le moins, de ceux que tu touches dans ta maison de banque de la cité.

Pouvions-nous résister à une offre semblable?

Le lendemain, M. Colcram conduisit Dick chez le lord.

Celui-ci le trouva intelligent, modeste et doux, et agréa ses services.

M. Colcram avait dit la vérité, le noble lord fixa les appointements de Dick à deux cents livres, et il se trouva que mon cher enfant avait beaucoup moins de besogne que dans la maison de banque d'où il sortait.

Chaque matin, il allait chez le lord, qui habitait dans Chester street, écrivait sous sa dictée, dépouillait sa correspondance, et il était libre à quatre ou cinq heures de l'après-midi.

Le cher enfant passait toutes ses soirées avec moi et nous caressions le projet de faire des économies suffisantes pour aller au printemps suivant voir ma chère Irlande, dont le souvenir était toujours vivant au fond de mon coeur.

Deux mois s'écoulèrent. Une mère est clairvoyante, monsieur, elle a l'habitude de lire dans l'âme de son fils, et cependant je ne m'étais pas aperçue d'un changement presque subit qui s'était opéré chez mon enfant.

Depuis qu'il était chez le lord, il apportait à sa toilette, jusque-là simple et presque négligée, un soin minutieux.

Peu à peu, sa gaieté naturelle fit place à une vague mélancolie qui dégénérait parfois en tristesse ou à laquelle succédait quelquefois une sorte de joie fiévreuse.

Mon Dick avait un amour au coeur.

Amour sans espérance d'abord et presque inavoué à lui-même; amour violent ensuite et tout à coup rempli d'illusions.

Vers la Christmas, il me dit que lord Palmure,—c'est bien le nom que vous avez prononcé tout à l'heure,—était accablé d'affaires par suite de l'ouverture du parlement, et qu'il serait obligé d'aller travailler avec lui, le soir; je le crus.

Pendant deux mois encore, il sortit chaque soir après notre souper, pour ne rentrer que fort avant dans la nuit, et dès lors sa vie me parut mystérieuse et tourmentée.

Tantôt il avait l'espérance et le bonheur dans les yeux, tantôt il paraissait livré au plus profond désespoir.

Il demeura longtemps muet à toutes mes questions.

Enfin, un soir, il me prit dans ses bras et me dit:

—J'aime la fille de lord Palmure.

—Malheureux! m'écriai-je.

—Et j'en suis aimé, ajouta-t-il.

Je me mis à fondre en larmes, je le suppliai de songer à notre humble condition, à la distance qui nous séparait de la noble demoiselle; je l'engageai à remercier lord Palmure, à retourner dans la cité où il trouverait facilement un emploi.

—Miss Ellen et moi, me dit-il, nous nous aimons, et elle sera ma femme.

Le mal était déjà sans remède, et le pauvre enfant était fou.

Que s'est-il passé dès lors? Par quelles tortures sans nom cette femme a-t-elle brisé le coeur de mon malheureux fils? Hélas! je l'ignore, monsieur.

Mais bientôt sa vie devint un supplice; il était devenu insensible à mes caresses, et il parlait de mourir.

Un jour, il se sentit si faible qu'il ne put quitter le lit. Il eut la fièvre pendant une semaine, une fièvre pleine de délire et de rage, pendant laquelle le nom de miss Ellen était sans cesse sur ses lèvres.

Je ne le quittais ni jour ni nuit. Enfin, le dimanche, la fièvre se calma, le délire disparut, et il me sembla plus calme.

Ah! monsieur, la fatalité était sur nous. J'eus la funeste pensée de m'absenter une heure, pour aller à Saint-George entendre la messe et prier Dieu pour mon enfant.

Quand je revins, il était si pâle que je jetai un cri d'épouvante.

—Mère, me dit-il, pardonne-moi... je suis un fils ingrat... car je t'ai oubliée, pour ne songer qu'à ma propre douleur... Je suis un pauvre fou qui va mourir...

Je jetai un nouveau cri, un cri d'épouvante et d'horreur! car il avait soulevé la courtine qui le couvrait, et je vis son lit plein de sang!...

Ici la malheureuse mère s'interrompit et fondit en larmes.

L'homme gris lui prit la main et lui dit d'une voix émue et grave:

—Continuez, madame, il faut que je sache tout.

XXII

La mère de Dick Harrisson parvint à maîtriser ses sanglots.

Elle continua.

—Mon malheureux enfant, fou de désespoir, s'était frappé de trois coups de couteau.

J'appelai au secours, jetant des cris d'épouvante; M. Colcram monta.

Mon pauvre Dick secouait la tête et un pâle sourire effleurait ses lèvres:

«—Tout est inutile, mère, me dit-il, je vais mourir...»

—Ah! monsieur, le pauvre enfant ne se trompait pas, poursuivit-elle d'une voix brisée. M. Colcram alla chercher un chirurgien.

Le chirurgien fit comme Dick, il secoua tristement la tête, et dit que les trois blessures étaient mortelles.

Et cependant mon pauvre enfant essaya de lutter contre la mort.

Il survécut trente-six heures en dépit d'horribles souffrances, me demandant toujours pardon de m'abandonner ainsi.

Il ne s'interrompait que pour prononcer le nom de miss Ellen.

—Mère, me dit-il encore, je veux être enterré dans un cimetière catholique et je veux que tu mettes ceci dans ma bière.

En même temps il m'indiquait un gros pli cacheté qu'il avait caché sous son oreiller avant de se donner la mort.

C'étaient les lettres de miss Ellen.

Quand il eut rendu le dernier soupir, Dieu fit un miracle.

Il me donna la force d'aller me jeter aux pieds d'un prêtre catholique et de lui avouer que mon fils s'était suicidé.

Ce prêtre était jeune, il était bon, il me releva et me dit: Pauvre mère, puisque votre fils est mort par amour, Dieu lui pardonnera, car ceux qui ont souffert et pleuré trouvent toujours grâce devant sa miséricorde.

Et si Dieu doit pardonner, pourquoi nous, ses ministres, qui ne sommes que des hommes, nous montrerions-nous plus sévères?

Il fut convenu alors que je garderais mon fils encore jusqu'au samedi soir.

Alors le jeune prêtre viendrait, avec quatre Irlandais, enlever la bière et ils la transporteraient sans bruit au cimetière de Saint-George.

Là, on inhumerait mon enfant en terre sainte, et on réciterait les prières de l'Église sur sa tombe, comme s'il fût mort de sa mort naturelle.

—Et ce prêtre, dit l'homme gris, interrompant la mère de Dick, ce prêtre se nommait l'abbé Samuel?

—Oui. Vous le connaissez donc aussi?

—C'est notre maître à tous, répondit-il.

La pauvre femme reprit:

—Je posai sous la tête de mon cher mort le pli cacheté qu'il voulait emporter dans la tombe.

Puis, on cloua la bière, et il disparut pour toujours à mes yeux, celui que j'aurais dû précéder dans une autre vie.

Ici, elle s'interrompit encore et fondit en larmes.

L'homme gris lui tenait toujours la main et la regardait avec bonté.

—Et cette miss Ellen, dit-il, vous ne l'avez donc jamais vue?

Ce nom produisit une sorte de réaction subite chez la mère de Dick Harrisson.

—Oh! oui, je l'ai vue, dit-elle. Je l'ai vue une fois, et j'ai compris que mon fils l'ait aimée, tant elle est belle, et qu'elle l'ait tué, tant elle a de méchanceté dans le regard.

—Où l'avez-vous vue?

—Ici.

La voix de madame Harrisson se prit à trembler.

—C'était le lendemain des funérailles de mon pauvre enfant, dit-elle. J'étais seule, abîmée dans ma douleur et n'ayant plus de larmes dans ma tête affolée!

La porte s'ouvrit, elle entra.

D'abord, il me sembla que c'était un ange, mais quand elle m'eut parlé, je vis que j'avais un démon devant moi...

—Écoutez, bonne femme, me dit-elle d'un ton impérieux et sec, je suis la fille de lord Palmure. Votre fils s'était pris pour moi d'un amour insensé et que je n'ai jamais encouragé...

Elle mentait, monsieur, sans cela mon fils aurait-il eu des lettres d'elle?

—Votre fils est mort, poursuivit-elle, et mon père et moi nous savons qu'il vous laisse sans ressources.

Je la regardais, les yeux effarés, et je ne comprenais pas ce qu'elle voulait me dire.

—Je viens, poursuivit-elle, vous offrir ce portefeuille qui contient une petite fortune, laquelle mettra vos vieux jours à l'abri du besoin, et en échange, je viens vous demander tous les papiers de votre fils.

Alors je compris. Elle venait me racheter ses lettres.

Et je repoussais le portefeuille et la chassai, en m'écriant:

—Tout ce qui vient de mon fils est sacré. Ce sont des reliques auxquelles vos mains impures ne toucheront pas!

Elle sortit en me jetant un regard de haine.

Trois jours après, au milieu de la nuit, comme je continuais à pleurer mon fils, une vitre de cette fenêtre fut brisée et deux hommes masqués firent irruption dans ma chambre.

Ils me garrottèrent, me mirent un bâillon sur la bouche.

Puis ils se mirent à fouiller partout.

Je compris qu'ils cherchaient les lettres de miss Ellen.

Ils se retirèrent sans rien trouver.

Le lendemain, M. Colcram me dit:

—Ma chère, vous êtes ici en danger de mort.

Pendant deux mois, monsieur, je me suis cachée à l'autre bout de Londres, et M. Colcram a fait courir le bruit de ma mort.

Je crois que Miss Ellen en est convaincue.

Alors je suis revenue, car je veux vivre et mourir dans ce logement où mon fils a rendu le dernier soupir.

Je ne sors jamais pendant le jour, et ce n'est que le matin que je me risque à aller prier sur la tombe de mon enfant.

L'homme gris se leva alors, tandis que la pauvre mère étouffait un dernier sanglot.

—Ainsi, dit-il les lettres de miss Ellen sont dans le cercueil?

—Oui.

—Et nul ne le sait?

—Nul, excepté vous, et si je vous l'ai avoué, c'est que vous m'avez fait le signe rédempteur des fils de l'Irlande.

—Je serai aussi muet que la tombe à qui ce secret est confié, et je vous le jure, acheva l'homme gris, votre fils sera vengé.

Puis, pressant la main de madame Harrisson:

—Vous paraissez avoir épuisé vos dernières ressources, ma bonne dame, dit-il.

—C'est M. Colcram qui me fait vivre, répondit-elle, et il n'est pas riche, le digne et cher homme.

—L'Irlande prend soin de ses enfants, ajouta l'homme gris.

Il tira de sa poche un rouleau de guinées qu'il posa sur la table.

Et il sortit brusquement, comme s'il n'eût pas voulu entendre les remerciements et les bénédictions de la pauvre mère.

Quand il fut dans la rue, l'homme gris se dit:

—Maintenant je crois que je tiens miss Ellen et son digne père, lord Palmure.

Jenny et l'enfant sont en sûreté pour deux jours.

Il faut que Bardel ne perde point sa place, et ensuite, si John Colden n'a point succombé à sa blessure, il faudra l'arracher au bourreau.

Voilà de la besogne, murmura-t-il avec un sourire. Mais bah! avant de m'appeler l'homme gris, j'en ai fait bien d'autres et de plus rudes encore!

Et le mystérieux personnage se dirigea vers le pont de Westminster, qu'il traversa, et, comme huit heures sonnaient, il entra dans Scotland-yard, où il avait en ce moment une affluence inusitée de policemen.

XXIII

Il est des gens qui ont le talent de se déguiser sans rien changer à leur costume.

Une certaine inclination donnée tout à coup au chapeau, un vêtement qu'on boutonne, des cheveux qu'on ramène sur le front ou qu'on en écarte, il n'en faut pas davantage pour qu'un homme habitué à se grimer se rende tout à coup méconnaissable.

C'est ce qu'avait fait l'homme gris, dans son trajet d'Adam's street à White-Hall.

Quand il rentra dans Scotland-yard, ce qui, traduit mot à mot, veut dire «cour des Écossais», mais en réalité l'office général de la police, il ne ressemblait pas plus à l'homme qui avait sauvé le petit Ralph que le bon Shoking ne ressemblait, malgré ses prétentions, à un véritable gentleman.

Les policemen qui le virent entrer d'un pas roide, le chapeau sur l'oreille, jetant à droite et à gauche un regard oblique, se dirent entre eux:

—Voilà cet agent qui vient de province et en qui les chefs ont si grande confiance.

Comment l'homme gris était-il entré dans la peau de l'agent Simouns, qui venait de Liverpool, où il avait rendu d'éminents services, voilà ce qui ne se pouvait expliquer que par les ramifications sans nombre du fenianisme.

Toujours est-il que le jour où l'homme gris avait eu besoin de pénétrer dans Cold Bath field et d'y planter les premiers jalons de l'évasion de Ralph, il s'était trouvé un homme du nom de Simouns que le chef de la police provinciale recommandait à la police métropolitaine comme très habile.

Cet homme, que personne ne connaissait à Londres, s'était présenté le matin même de ce jour où le petit Irlandais avait été transféré de la cour de police de Kilburn à la prison du moulin.

Et cet homme, c'était l'homme gris.

Deux policemen qui se trouvaient au seuil du premier bureau, et qui lui avaient vu traverser la cour, se mirent à causer à voix basse.

—Voilà Simouns, l'agent secret de Liverpool, dit l'un.

—Le directeur de la police de Londres, répondit l'autre, est un véritable Français.

—Pourquoi?

—Parce que le nouveau est toujours beau. Depuis que Simouns est revenu de Liverpool, il n'y en a que pour lui.

Tu verras, camarade, que c'est lui qu'on va envoyer à Bath square.

—Pourquoi faire?

—Pour faire une enquête.

—Et sur quoi donc?

—Sur les événements de cette nuit.

—De quels événements parles-tu?

—Comment tu ne sais pas ce qui s'est passé?

—Non.

—Eh bien! il s'est évadé des prisonniers, on a endormi des gardiens, que sais-je encore? et le gouverneur qui ne sait où sont les coupables parmi les gens de la maison qui ont facilité les évasions, a envoyé demander ici un homme de police habile.

—Et tu crois que c'est Simouns qu'on va envoyer?

—J'en suis sûr.

En effet, l'homme gris était entré dans le bureau d'un des chefs de division, sur l'invitation qui lui en avait été faite.

Le chef s'était enfermé avec lui pendant quelques minutes.

Au bout de ce temps, l'homme gris était ressorti et avait gagné le vestiaire.

A Londres comme à Paris, la police se fait de deux manières, en habit de ville ou en uniforme.

L'homme gris avait pu être chargé de missions secrètes qui exigeaient un habit de ville, mais celle qu'il acceptait en ce moment comportait l'uniforme.

En effet, il sortit bientôt du vestiaire avec l'habit d'un policeman, portant en outre sur sa manche gauche le galon qui est spécial au service de la Cité.

Scotland-yard est non-seulement la métropole de la police, c'est encore le quartier général des fiacres et des voitures de Londres.

L'homme gris, devenu l'agent de police Simouns, n'eut donc qu'à monter dans un cab qui entrait en ce moment, pour déposer un objet laissé par un voyageur sur les coussins, et il dit au cocher:

—Bath square!

Vingt minutes après, le prétendu M. Simouns arrivait à cette fameuse grille dont master Pin, le portier-consigne, avait seul la clef.

—Ah! dit le gros homme, qui paraissait au désespoir, c'est vous qu'on envoie de Scotland-yard?

—Oui, dit l'homme gris.

—Si vous débrouillez quelque chose à ce qui se passe, fit master Pin, vous serez un homme habile.

—Que se passe-t-il donc dans Gold Bath field?

—Des choses dont la responsabilité peut retomber sur moi, mon cher monsieur, fit master Pin d'une voix lamentable.

—Vraiment?

—Oui: figurez-vous que j'ai eu le malheur de m'intéresser à un cousin que je n'ai jamais vu.

—Eh bien!

—Ce cousin, je l'ai fait entrer ici comme ouvrier, et il est mêlé à tout cela.

—Mais enfin, demanda naïvement le prétendu M. Simouns, que s'est-il passé?

—Le petit Irlandais s'est évadé.

—Ah! vraiment?

—On a endormi deux gardiens.

—Bon!

—Le gardien-chef M. Bardel, et un autre appelé Jonathan.

—Comment cela?

—Avec une prise de tabac.

—Joli moyen et qui est très-connu, dit l'homme gris. Est-ce tout?

—Non: on a tué M. Whip.

—Un autre gardien?

—Oui, monsieur.

—Et... votre cousin?

—Le misérable est très-certainement le meurtrier de M. Whip.

—En vérité!

—Mais M. Whip s'est défendu avant de mourir; et je crois que mon cousin a son compte.

—Il est blessé?

—D'un coup de couteau dans le bas ventre?

—Voyons, mon cher monsieur Pin, dit l'homme gris, voulez-vous me conduire auprès du gouverneur?

—Certainement, répondit le désolé portier-consigne, d'autant plus qu'il vous attend avec impatience.

En effet, le gouverneur, on s'en souvient, en présence de l'accusation que Jonathan portait contre son chef, avait cru devoir s'adresser à Scotland-yard.

A Scotland-yard, il avait été décidé qu'on lui enverrait M. Simouns, cet homme qui avait fait des merveilles à Liverpool.

Et le gouverneur accueillit M. Simouns comme un envoyé de la Providence.

—Mon cher monsieur, lui dit-il, il y a ici un homme qui est attaché à la maison depuis plus de vingt ans et qui est tout à coup accusé de trahison.

—Est-ce par un inférieur? demanda l'homme gris.

—Naturellement.

—Le chef était-il sévère?

—Quelquefois.

—A-t-il souvent puni celui qui l'accuse?

—Il a dû le punir.

—J'écoute Votre Honneur, dit l'homme gris qui demeura respectueusement debout devant le gouverneur.

Celui-ci lui fit alors l'historique des événements de la nuit.

Le prétendu M. Simouns l'écouta sans l'interrompre, puis quand le gouverneur eut fini:

—Votre Honneur a-t-il interrogé l'ouvrier qui se nomme?...

—John Colden? oui... mais il est hors d'état de répondre...

—C'est pourtant lui qui peut jeter un brin de clarté sur tout cela, dit l'homme gris, et dire si M. Bardel est coupable ou innocent.

—Mais cet homme se refuse à parler.

—Oh! dit en souriant l'homme gris, si Votre Honneur me permet de l'interroger, je lui arracherai bien des révélations, moi.

—Venez, dit alors le gouverneur, je vais vous conduire à la cellule dans laquelle on l'a transporté.

Et l'homme gris suivit le gouverneur, murmurant à part à lui:

—Il faut pourtant que ce pauvre Bardel conserve sa place: nous avons besoin de lui ici.

XXIV

John Colden était, en effet, assez grièvement blessé.

Cependant ce même chirurgien qui se vantait d'appartenir à une société philanthropique, ce qui ne l'avait pas empêché d'envoyer Ralph au moulin, avait déclaré que la blessure n'était pas mortelle et que Calcraff, le bourreau de Londres, ne perdrait pas pour attendre.

L'Irlandais était un de ces hommes à la foi robuste qui savent mourir pour une cause et ne la compromettent jamais par des révélations.

Par l'interrogatoire qu'on avait essayé de lui faire subir, il avait compris que Bardel était accusé.

Dès lors, de peur de le compromettre encore davantage, il s'était retranché dans un mutisme absolu qu'on pouvait prendre, à la rigueur, pour le résultat de sa faiblesse extrême.

Mais la scène changea quand le prétendu agent de police de Liverpool, M. Simouns, l'homme en qui on avait grande confiance, entra dans sa cellule.

Bien que le fameux habit eût disparu pour faire place à la tunique courte du policeman, John Colden reconnut sur-le-champ l'homme gris.

Il le reconnut au regard, au geste, à la voix et il se dit:

—J'ai eu raison d'avoir confiance en cet homme, il est plus puissant que tous ceux qui sont ici.

L'homme gris était accompagné du directeur.

Sur un simple signe qu'il lui fit, ce dernier fit retirer les deux gardiens qui les suivaient.

Alors l'homme gris et le gouverneur demeurèrent seuls au chevet de John Colden.

—Comment te nommes-tu? dit le prétendu M. Simouns.

—John Colden, répondit le blessé.

—Tu dois être Irlandais?

—Oui.

L'homme gris se tourna vers le gouverneur:

—Je gage, dit-il, que si je l'interroge dans ce patois des côtes d'Irlande qui est cher à tous ces gens-là, il me répondra.

—Savez-vous donc cet idiome? demanda le gouverneur.

—Un agent de police doit tout savoir.

—Alors, faites... dit le gouverneur sans défiance.

—John Colden, dit alors l'homme gris se servant du langage dont il venait de parler, il faut sauver M. Bardel. Il faut répondre au gouverneur, dire que M. Whip était coupable et que M. Bardel était innocent.

—S'il en est ainsi, répondit John, c'est facile; car j'ai déjà deviné ce qui se passait et j'ai imaginé une bonne histoire.

—Il dit, répondit le prétendu M. Simouns que si on veut lui promettre de le traiter avec douceur et lui donner un verre de grog, car il a bien soif, il dira toute la vérité.

—Accordé, dit le gouverneur. On le traitera comme tous les malades, et ce n'est que lorsqu'il sera rétabli qu'on le livrera à la justice pour qu'il soit statué sur son sort.

John leva sur le gouverneur un regard reconnaissant.

L'homme gris lui dit encore, en patois irlandais:

—Tâche de compromettre un certain Jonathan, qui est un gredin et un ennemi personnel de M. Bardel.

—Ce sera fait, répondit John Colden.

—Que dit-il? fit de nouveau le gouverneur.

—Il dit, répondit l'homme gris, qu'il croit sa blessure mortelle et qu'il espère qu'on le laissera mourir en paix ici, au lieu de le livrer à Calcraff.

—Voilà, répondit le gouverneur, qui n'est nullement de ma compétence.

L'homme gris reprit, mais cette fois en anglais:

—Consentez-vous, John, à dire la vérité? Sans rien préjuger des décisions de la justice, il est probable cependant, j'ose l'affirmer, qu'elle vous tiendra compte de vos aveux.

John Colden fit un signe affirmatif.

Alors le gouverneur ouvrit la porte de la cellule, fit rentrer un des gardiens, et lui donna l'ordre de prendre une plume et d'écrire, au fur et à mesure la déposition de l'ouvrier.

John Colden s'exprima ainsi:

—Je suis le frère de Suzannah. Suzannah est la maîtresse d'un homme dangereux, voleur de profession, appelé Bulton.

Le gouverneur fit un signe de tête qui prouvait que ce nom ne lui était pas inconnu.

John poursuivit:

—Suzannah a fait connaissance de la mère du petit Ralph qui, hier encore, était prisonnier ici. Comme cette femme était très-misérable, Suzannah lui a dit qu'elle se chargeait de son enfant et lui apprendrait un état.

La pauvre mère l'a cru.

Mais Suzannah n'avait envie de l'enfant que pour commettre un vol avec Bulton chez M. Thomas Elgin. Ce vol n'ayant pas réussi, Bulton a été arrêté, Suzannah aussi et le pauvre petit envoyé au moulin.

—Mais où veut-il donc en venir? demanda le gouverneur en regardant l'homme gris.

—Je ne sais pas, répondit celui-ci, mais n'importe! écoutons-le... c'est le seul moyen d'arriver à un résultat.

—Quand l'Irlandaise a su que son fils était au moulin, elle est venue me trouver en pleurant, et son désespoir m'a touché. Mais je ne pouvais rien faire, absolument rien, car je suis un pauvre diable.

Suzannah, elle, qui d'abord avait été arrêtée, a pu s'échapper, et elle est venue me trouver.

Je lui ai parlé de l'Irlandaise, de l'enfant qui était au moulin, et alors elle m'a dit:

—S'il ne s'agissait que d'argent, nous le tirerions de là.

—Tu as donc de l'argent? lui ai-je dit.

—C'est-à-dire, m'a-t-elle répondu, que Bulton a commis un vol, la semaine passée, et que nous avons enterré l'argent. Bulton a son compte. Il sera condamné à mort et je ne le reverrai jamais. Je puis donc disposer de l'argent.

—Combien y en a-t-il?

—Mille livres.

—Alors, reprit John Colden qui, vu son état de faiblesse, s'était reposé un moment, j'ai eu l'idée d'entrer ici; je suis allé trouver master Pin qui est mon cousin, et puis j'ai pris la place d'un autre ouvrier qui ne voulait pas aller dans l'intérieur de la prison, bien que le sort l'eût désigné.

En ce moment, on apporta le verre de grog demandé par le blessé.

Il le vida d'un trait, reprit haleine une minute, puis continua:

—Dans mon pays, où nous n'avons pas d'argent, tout le monde dit qu'en Angleterre, où il y en a beaucoup, avec de l'argent on fait tout ce qu'on veut.

Quand j'ai été dans le moulin, j'ai vu un homme qui était plus dur et plus farouche que les autres, et je lui ai dit:

—Cela vous fait donc bien plaisir de torturer ainsi les malheureux.

Il m'a répondu par ces mots:

«—Si j'avais mille livres sterling de revenu, je serais l'homme le plus doux du monde.

—Vraiment?

—Et si on vous offrait vingt mille livres, ce qui doit constituer un revenu du vingtième...»

A cette proposition, il m'a regardé d'un air étonné et plein de convoitise.

Puis il m'a dit:

«—On pourrait peut-être s'entendre...»

—Et quel était cet homme? demanda le gouverneur qui interrompit en ce moment les aveux de John Colden.

—C'était M. Whip, répondit celui-ci avec un accent si vrai que le gouverneur ne douta pas un seul instant de sa sincérité.

—Continuez, dit-il, en regardant le prétendu M. Simouns qui demeurait impassible.

XXV

M. Whip était mort.

Ensuite, de son vivant, il était généralement détesté, non-seulement par les prisonniers, mais encore par ses collègues.

Le gardien, qui tenait la plume, ne sourcilla pas.

Quand au gouverneur, il se borna à froncer légèrement le sourcil.

John Colden poursuivit.

—Entre un homme qui se vend et un homme qui l'achète, le marché est bientôt conclu. Quand j'ai vu M. Whip si bien disposé, je lui ai dit: allez-vous-en ce soir dans le Brook street, demandez à parler à Suzannah, et elle vous en dira plus long que moi.

Et M. Whip est parti.

Cette révélation de John Colden coïncidait étrangement avec la déposition de master Pin qui s'était souvenu d'avoir ouvert la grille, vers huit heures du soir, à M. Whip.

—Après? fit le gouverneur.

John Colden reprit:

—Quand nous avons eu soupé, les autres ouvriers et moi, on nous a enfermés séparément, chacun dans une cellule, et je me suis endormi.

J'ai été réveillé en sursaut par le bruit des verrous qu'on tirait, de la serrure qu'on ouvrait et j'ai vu entrer M. Whip.

—Tout est prêt, m'a-t-il dit.

—Vous avez vu Suzannah.

—Oui.

—Vous êtes d'accord?

—Oui.

Je me suis habillé et je l'ai suivi. Un autre gardien l'attendait sur le seuil.

Tous les deux m'ont mené au bout du corridor et ont ouvert une porte.

Alors j'ai vu, dormant sur son lit, le gardien-chef, celui qui m'avait enfermé.

Et M. Whip a dit, en regardant l'autre gardien:

—Il a pris une bonne prise. J'ai du fameux tabac, va!

Puis ils ont détaché la clef que M. Bardel portait à sa ceinture, et nous sommes revenus dans le corridor.

M. Whip a dit alors à l'autre gardien:

—Tu tiens donc à ta place?

—Certainement, et, malgré l'argent que tu me donnes, j'aime autant ne pas me compromettre.

—Alors, a dit M. Whip, prends une prise.

Et il lui a tendu sa tabatière.

Aussitôt Jonathan...

—Ah! interrompit le gouverneur, ce gardien-là, c'était Jonathan?

—Du moins, répondit naïvement John Colden, c'était le nom que lui donnait M. Whip.

—Eh bien? dit le prétendu M. Simouns, qu'a fait Jonathan?

—Il n'a pas eu plutôt aspiré une prise de tabac qu'il s'est trouvé pris d'étourdissement et s'est assis.

Je ne sais pas ce qui est arrivé, car nous avons continué notre chemin.

—Ah!

—M. Whip a ouvert la cellule du petit Irlandais et lui a dit: Suis-nous.

L'enfant, qui avait une peur horrible de M. Whip, s'est habillé sans mot dire et nous l'avons emmené.

M. Whip nous a fait longer le corridor dans le sens opposé, puis avec la clef qu'il avait prise à M. Bardel, il a ouvert le préau que nous avons traversé, et nous sommes arrivés dans le préau de la nouvelle prison.

Une corde pendait, et au pied de cette corde, il y avait un homme que j'ai reconnu pour un des amis de Bulton et de Suzannah.

Alors M. Whip lui a dit:

—Voilà l'enfant, où est l'argent?

—L'argent, a répondu l'homme, il est là-haut; nous vous le donnerons.

—Je l'aime autant tout de suite.

—Montez, et vous trouverez l'argent...

M. Whip a paru se méfier.

—Allez le chercher, a-t-il dit, ou vous n'aurez pas l'enfant.

Une querelle s'est engagée et M. Whip nous a menacés de rappeler les sentinelles qu'il avait éloignées et de nous faire arrêter.

L'ami de Suzannah s'est emparé de l'enfant qu'il a mis sur ses épaules.

Puis il a voulu grimper après la corde.

M. Whip a voulu l'en empêcher.

Alors, je suis intervenu. Une lutte s'est engagée entre M. Whip et moi, il m'a frappé de son poignard, j'ai riposté et je l'ai tué.

Pendant ce temps-là, l'ami de Suzannah avait grimpé avec l'enfant.

Alors je me suis enroulé cette même corde autour du corps et on a essayé de me hisser. Mais la corde a cassé et je suis retombé.

John Colden, qui paraissait avoir fait un suprême effort pour aller jusqu'au bout, retomba alors sans force sur son oreiller.

—C'est bien, ce que tu as fait là, lui dit l'homme gris en patois irlandais; aie confiance, je te sauverai... Calcraff ne t'aura pas.

—Je suis prêt à mourir pour l'Irlande, répondit John Colden d'une voix faible.

Le gouverneur regarda le prétendu M. Simouns:

—Que pensez-vous de cela? dit-il.

L'homme gris fronçait le sourcil:

—Je pense, dit-il, que, pour croire aveuglément à ce récit, je voudrais une preuve matérielle de la trahison de M. Whip et de l'innocence de Bardel.

—Hein? fit le gouverneur.

—Sans doute, reprit l'homme gris, qui trouva le moyen de faire un signe mystérieux à John Colden, signe qui voulait dire: «Je n'ai l'air de douter de tes paroles que pour leur donner plus de force et de crédit.»

—Ah! vraiment? fit le gouverneur.

—Sans doute, répéta l'homme gris. Ce récit est vraisemblable, mais est-il vrai? N'est-il pas l'oeuvre de Bardel, dont cet homme serait le complice?

—C'est ce que dit Jonathan.

—Jonathan ment peut-être aussi...

—Alors, comment savoir la vérité?

—Je voudrais voir l'endroit où M. Whip est mort.

—C'est facile, dit le gouverneur.

Et il conduisit l'homme gris dans le préau de la nouvelle prison.

Alors celui-ci parut se livrer à une enquête des plus minutieuses.

Le soleil avait percé le brouillard et on voyait fort distinctement la maison qui avait joué un rôle dans le drame de la nuit.

—Je voudrais visiter cette maison, dit l'homme gris.

—Pourquoi?

—Votre Honneur verra...

Et l'homme gris força le gouverneur à revenir sur ses pas, à sortir de la prison, qu'il fallut retraverser tout entière et à gagner la rue en passant par la grille de master Pin, de plus en plus inconsolable de sa parenté avec John Colden.

Puis ils suivirent le mur d'enceinte de la prison, au dehors, escortés par le gardien qui avait recueilli la déposition de l'Irlandais.

La maison paraissait déserte.

Cependant une jeune fille pâle, hâve, vêtue de haillons était assise au seuil de la porte.

L'homme gris alla droit à elle.

Le gouverneur de Cold Bath field qui ne savait ce qu'il voulait faire, le suivit néanmoins.

XXVI

L'homme gris, que nous appellerons monsieur Simouns, toutes les fois qu'il portera l'uniforme de policemen, se mit à questionner la jeune fille.

—Vous paraissez souffrante, mon enfant, dit-il.

Elle leva les yeux au ciel et ne répondit pas.

M. Simouns lui glissa dans la main une demi-couronne.

Alors ce visage pâle et hâve s'éclaira d'une joie suprême.

—Ah! dit la jeune fille, nous aurons donc du pain aujourd'hui, mon père et moi.

M. Simouns se tourna vers le gouverneur de la prison:

—Je supplie Votre Honneur, dit-il, de se montrer patient et de se souvenir de ce proverbe, que les petites causes amènent les grands effets.

—Faites tout ce que vous voudrez, répondit le gouverneur.

Alors M. Simouns dit à la jeune fille:

—Est-ce que vous habitez cette maison, votre père et vous?

—Oui, monsieur; c'est-à-dire, ajouta-t-elle, cette maison est à fin de bail, et le lord à qui le terrain appartient, va la faire démolir, parce qu'elle est vieille et qu'on dit qu'elle peut s'écrouler au premier jour. Tout le monde s'en est allé, excepté nous. Mon père est vieux et infirme, et l'hiver est bien dur. Comme nous ne savions pas où aller, nous sommes restés.

—A quel étage?

—Au deuxième.

M. Simouns se pencha vers le gouverneur.

—C'est d'une fenêtre de cette maison, dit-il, qu'on a dû lancer la corde dans le préau.

—Je le crois aussi, répondit le gouverneur.

Le prétendu agent de police continua à interroger la jeune fille.

—Ainsi, dit-il, il n'y a que votre père et vous dans cette maison?

—Oui, monsieur, mais il y est venu du monde la nuit dernière.

—Ah!

—On a même fait un tapage infernal, et j'ai eu bien peur, je vous jure.

—A quel endroit de la maison a-t-on fait ce tapage?

—Juste au-dessus de nous.

—Il y avait beaucoup de monde?

—Deux hommes et deux femmes. Une des deux femmes s'appelait Suzannah.

Le gouverneur tressaillit.

—Mon enfant, dit M. Simouns, puisque vous êtes misérables, votre père et vous, je ne pense pas que vous refusiez de gagner honnêtement une petite somme d'argent.

Des larmes brillèrent dans les yeux de la jeune fille:

—Ah! monsieur, dit-elle, que faut-il faire?

—Nous dire tout ce que vous avez entendu cette nuit.

En même temps, M. Simouns tira de sa poche une belle guinée toute neuve.

De pâle qu'elle était, la jeune fille devint toute rouge.

—Entrons dans la maison, dit M. Simouns.

Et il se dirigea vers l'escalier, suivi du gouverneur et de la jeune fille.

Au deuxième étage, ils trouvèrent une porte entr'ouverte et ils aperçurent un vieillard couché sur un amas de vieille paille.

—C'est mon père, dit-elle.

M. Simouns continua à monter.

A l'étage supérieur, il y avait une autre porte ouverte.

M. Simouns entra.

La corde à noeuds avait été retirée de la fenêtre, mais elle était enroulée sur le sol.

—Vous voyez, dit M. Simouns en se tournant vers le gouverneur, que je ne m'étais pas trompé.

Puis, s'adressant encore une fois à la jeune fille:

—C'est ici, n'est-ce pas, qu'on a fait du bruit?

—Oui, monsieur. Les femmes sont venues d'abord dans la soirée, puis un homme qui portait un uniforme, pas comme vous, mais comme les gardiens de Bath square.

—Ah! vraiment?

—Un grand maigre, avec de la barbe rouge. Il est entré chez nous et il m'a demandé si je m'appelais Suzannah. Sur ma réponse négative, il est monté plus haut et il s'est mis à parler tout bas avec les deux femmes.

—Vous n'avez pas entendu ce qu'ils disaient?

—Non. Seulement, il est parti, et dans l'escalier il a dit:—Foi de Whip, vous pouvez compter sur moi.

—Oh! oh! fit M. Simouns en regardant le gouverneur...

—Après? dit celui-ci.

La jeune fille reprit:

—Il s'est écoulé une heure pendant laquelle je n'ai plus rien entendu.

Après cela des pas d'hommes se sont fait entendre dans l'escalier.

Comme nous n'avions jamais vu tout ce monde-là, j'ai eu bien peur et j'ai fermé notre porte du mieux que j'ai pu.

Cependant je voulais savoir pourquoi ils venaient ainsi dans la maison et je me suis hasardée à entr'ouvrir notre fenêtre.

Alors j'ai vu une corde qui pendait.

Puis un homme qui est descendu après cette corde.

Puis je n'ai plus rien vu et plus rien entendu durant un quart d'heure.

Après quoi des plaintes sont montées jusqu'à moi. Puis un cri, et un silence après le cri.

Et enfin l'homme qui était descendu après la corde est remonté.

Seulement, il avait quelque chose sur les épaules. Il faisait si noir et le brouillard était si épais que je n'ai pas pu distinguer ce que c'était.

Mais, en haut, il m'a semblé que j'entendais des caresses, des exclamations de joie et des baisers.

La corde pendait toujours.

Bientôt il m'a semblé qu'elle se tendait et qu'on la hissait petit à petit.

Certainement il y avait quelque chose de lourd attaché au bout.

Tout à coup j'ai entendu un nouveau cri, puis un blasphème... et la corde est remontée rapidement.

Une voix disait au-dessus de ma tête:

—La corde a cassé. Pauvre John!...

—Ah! interrompit M. Simouns, vous avez entendu ce nom-là?

—Oui, monsieur.

—Après?

—Une des deux femmes a dit alors: Il faut pourtant sauver mon frère.

Un des hommes a répondu: Nous n'avons pas le temps... et puis c'est impossible... on nous prendrait tous...

Comme il disait cela, un cab s'est arrêté dans la rue.

—Vite! a dit encore un des deux hommes, il faut partir. Nous n'avons pas une minute à perdre.

—Mais l'argent de Whip? a repris la femme.

—Nous en aurions pour une heure à le retirer de sa cachette. Nous viendrons le chercher la nuit prochaine, a-t-il répondu.

Et ils sont tous partis.

M. Simouns regarda le gouverneur.

—En vérité, dit-il, si nous retrouvions cet argent et qu'il y eut mille livres, Votre Honneur ne douterait plus, j'imagine, de la culpabilité de M. Whip.

—Certes non, dit le gouverneur.
—Et de l'innocence de Bardel!
—Oh! fit le gouverneur, dès à présent je suis convaincu que Bardel est un honnête homme, incapable d'avoir manqué à son devoir.
—C'est égal, reprit M. Simouns, je voudrais bien retrouver l'argent.
—Mais où? dit le gouverneur.
—C'est ce que nous allons chercher, je ne suis pas agent de police pour rien. En même temps il mit une seconde guinée dans la main de la jeune fille en lui disant:
—Vous pouvez vous en aller, mon enfant.
Et quand elle fut partie, M. Simouns, ou plutôt l'homme gris, promena un regard investigateur autour de lui:
—Vraiment, dit-il, je suis convaincu que l'argent destiné à payer la trahison de M. Whip est ici.
Cherchons...
—Cherchons, répéta le gouverneur.

XXVII

Le *Times*, le plus grand et le plus important des journaux de Londres, contenait le lendemain le récit suivant:

«Il vient de se passer à Cold Bath field une série d'événements bizarres et mystérieux qui appelleront, nous n'en doutons pas, l'attention de l'autorité sur ses agents subalternes.

Un prisonnier s'est évadé. Un gardien a été tué. Deux autres se sont trouvés un moment compromis.

Parmi ces deux derniers, il en est un, M. Bardel, qui a vingt ans de bons et loyaux services, et qui n'a dû son salut et sa réhabilitation, comme on va voir, qu'à l'extrême habileté d'un agent de police, M. Simouns.»

Puis le *Times* racontait tout au long ce que nous savons déjà, c'est-à-dire la version de John Colden sur l'évasion de Ralph; puis il continuait:

«Il n'y avait pas plus de raison d'ajouter foi au récit de l'ouvrier irlandais qu'à celui du gardien Jonathan qui le contredisait de point en point.

M. Simouns, ce précieux détective qui nous est venu de Liverpool, a débrouillé cette énigme.

Il a d'abord découvert la maison qui avait servi à préparer l'évasion, la corde dont on avait fait usage, et enfin, une jeune fille, locataire de ladite maison, qui a pu donner plusieurs détails fort importants, un, entre autres, sur l'agent qui a succombé et qu'elle a vu venir dans la maison, une heure auparavant, et s'entretenir à voix basse avec la fille Suzannah.

Cependant M. Simouns, que le gouverneur accompagnait dans ses investigations, ne s'est point contenté de ces preuves de l'innocence du gardien-chef, M. Bardel.

Il a voulu plus encore, l'argent qui avait dû payer la trahison du gardien Whip.

Cet argent, il l'a trouvé.

Après avoir vainement sondé tous les murs et le plancher, mais dominé par la conviction que si l'argent existait, il était dans cette maison, M. Simouns a fini par découvrir qu'une des solives du plafond sonnait le creux.

La solive a été forcée par un outil de menuisier et une liasse de bank-notes s'en est échappée.

Il y avait mille livres rondes, et l'un des billets étaient jaspé de quelques gouttes de sang qui attestaient le dernier haut-fait de Bulton, ce bandit redoutable dont nous parlions dernièrement et qui est maintenant à Newgate, d'où il ne sortira, espérons-le, que pour monter sur la plate-forme qui chavire, pour nous servir de l'expression populaire si terriblement pittoresque.

M. Simouns tenait enfin la preuve matérielle qu'il avait cherchée avec tant de persévérance.

Le dénoûment est facile à prévoir.

M. Bardel a été réintégré dans ses fonctions, et le gouverneur lui a remis une gratification.

Jonathan a été congédié; les charges qui s'élèvent contre lui n'étant pas assez fortes pour qu'on puisse le déférer à la justice.

John Colden, coupable d'assassinat, demeurera à Cold Bath field jusqu'à ce que sa blessure soit cicatrisée.

Alors, il sera transféré à Newgate, et passera probablement aux prochaines assises.

Nous tiendrons nos lecteurs au courant de son procès, qui sera, très-certainement, fort curieux.»

Or, la lecture de cet article venait d'être faite à haute voix dans la sacristie de l'église Saint-George par l'homme gris lui-même à l'abbé Samuel.

—Eh bien! dit-il, en posant le journal sur une table, et regardant le jeune prêtre en souriant, comprenez-vous maintenant?

—Pas encore, dit l'abbé Samuel.

—C'est pourtant facile.

—Comment?

—M. Simouns, c'est moi.

—Bon.

—La jeune fille, c'est moi qui l'ait apostée.

—Ensuite?

—L'argent trouvé dans la poutre, c'est moi qui l'avait caché.

—Je commence à comprendre.

—Enfin, la tache de sang est tout simplement une tache de vin additionnée d'un peu d'ocre rouge. Grâce à tout cela, ce pauvre Bardel est innocenté, et nous avons en lui un ami qui aura les plus grands égards pour John Colden.

—Oui, mais celui-ci sera transporté à Newgate.

—Certainement.

—Il sera jugé.

—Sans doute.

—Condamné à mort.

—Très-certainement.

—Eh bien.

Un sourire passa sur les lèvres de l'homme gris:

—N'ai-je pas tiré l'enfant de prison.

—Oui.

—Eh bien! j'arracherai John Colden à l'échafaud.

—Mais, dit encore l'abbé Samuel, l'enfant est toujours en danger.

—Non, tant qu'il demeurera caché avec sa mère dans le logis du sacristain de Saint-George.

—Ils ne peuvent pas y rester toujours.

—Aussi vais-je à présent, m'occuper de les en faire sortir. J'ai trouvé un lieu d'asile inviolable pour l'enfant.

—Lequel?

—Christ's hospital.

—Le collège fondé par Edward VI?

—Justement. Vous n'ignorez pas, continua l'homme gris, que les enfants placés dans ce collège sont sous la protection du lord maire?

—Je le sais.

—Qu'ils jouissent de certains privilèges d'origine moyen âge, et portent un uniforme qui les fait respecter en tout lieux.

—Oh! sans doute.

—Supposez ceci, continua l'homme gris, que Ralph, une fois sous cet habit, soit rencontré par un des policemen de Kilburn, ou par M. Booth lui-même, ou encore par un gardien de Bath square qui le reconnaisse.

—Bien.

—Les uns ou les autres auront beau faire. Protégé par son habit, l'enfant n'aura plus rien à craindre d'eux.

—Oui, certes dit l'abbé Samuel, mais vous n'ignorez pas non plus que l'admission à Christ's hospital est des plus difficiles.

—J'ai trouvé le moyen d'y faire entrer Ralph.

—Comment cela?

—Vous vous souvenez qu'à son arrivée à Londres l'enfant a été volé par mistress Fanoche.

—Sans doute.

—Qu'en voulait faire cette femme?

—Je l'ignore.

—Mais je le sais, moi, elle voulait le substituer à un enfant mort qu'on lui réclamait.

—Eh bien?

—Cet enfant, s'il vivait, aurait le droit d'entrer à Christ's hospital. Je vais donc rendre Ralph à mistress Fanoche.

—Ah! par exemple!

L'homme gris eut un nouveau sourire.

—Fiez-vous à moi, dit-il. Ne vous ai-je pas déjà prouvé que j'arrivais à mon but?

—Quel homme êtes-vous donc? fit l'abbé Samuel qui regardait l'homme gris avec une sorte d'admiration.
Il baissa la tête.
—Je suis, je vous l'ai dit, expliqua-t-il, un grand coupable que le repentir a touché.
Et il se leva.
—Où allez-vous? demanda le prêtre.
—Chez mistress Fanoche, répondit l'homme gris.
Puis il baisa le bas de la soutane de l'abbé Samuel et sortit.
Il traversa l'église et trouva Shoking à la porte.
Shoking lui dit:
Mistress Fanoche n'est pas revenue dans Dudley street.
—Où est-elle donc?
—Elle est toujours dans Heath-mount, à Hampsteadt.
—Eh bien, dit l'homme gris, va chercher un cab et filons, car c'est demain qu'arrive le père de l'enfant mort.

XXVIII

Il ne régnait pas une gaieté folle dans le cottage de Heath-mount, à Hampsteadt,—lequel cottage, on s'en souvient, appartenait à mistress Fanoche.

La nourrisseuse d'enfants s'y était enfermée de plus belle avec Mary l'Écossaise, depuis la disparition de Ralph.

Nous avons su vaguement, par le récit que lord Palmure bouleversé avait fait à sa fille, ce qui s'était passé après le départ de l'homme gris courant à la recherche de l'enfant.

Mais il est un personnage important de cette histoire que nous avons perdu de vue un moment.

Nous voulons parler de la vieille dame osseuse qui portait des bésicles sur le nez, et qui, durant le trajet de Londres à Hampsteadt, s'était vue, en rêve, propriétaire d'une jolie maison à Brighton et à la tête de cent cinquante livres de revenu.

Elle était demeurée dans le fiacre, tandis que lord Palmure et les prétendus agents de police entraient dans le jardin.

Puis elle avait entendu des cris, des exclamations d'étonnement et de colère, elle avait vu courir des flambeaux à travers le jardin, et elle en avait conclu qu'il se passait quelque chose d'extraordinaire.

La peur l'avait prise, d'autant mieux que lord Palmure avait gardé le portefeuille qui contenait sa fortune à venir.

Puis, comme le bruit augmentait et que la voix perçante de mistress Fanoche se faisait entendre plus aigre encore que de coutume, elle s'était dit: je suis perdue!

Cette femme, qui battait les enfants de si bon coeur, avait une grande terreur de mistress Fanoche.

Elle la haïssait violemment, mais elle avait toujours tremblé sous son regard.

La vieille dame avait donc fini par s'évanouir.

Lorsqu'elle revint à elle, horreur! elle était dans le cottage, couché sur un lit, et deux femmes était auprès d'elle, mistress Fanoche et Mary l'Écossaise.

La servante prenait sa revanche, et mistress Fanoche ne doutait plus de la trahison de son associée.

Mary brandissait le martinet qui avait meurtri déjà les épaules de Ralph, et elle disait, en regardant mistress Fanoche:

—Madame, laissez-moi faire, je vais la faire périr sous sous le fouet.

Mistress Fanoche avait fait un signe affirmatif.

Alors la géante était tombée sur la vieille dame et l'avait rossée d'importance.

Comme le quartier était désert personne n'avait entendu les hurlements de la victime.

Enfin, mistress Fanoche avait jugé la correction suffisante.

D'un geste, elle avait arrêté Mary qui cessa de frapper en soupirant.

Mistress Fanoche dit alors à la vieille dame:

—Vous le voyez, misérable, vos abominables machinations ont tourné contre vous. Plus que jamais vous êtes en mon pouvoir, et s'il vous prenait fantaisie d'aller me dénoncer à la police pour nos peccadilles passées, vous seriez aussi punie que moi, puisque vous avez été ma complice.

Le visage lamentable et baigné de larmes de la vieille dame, qui s'était jetée à genoux pour demander grâce, attestait qu'elle partageait cette conviction.

—Dès aujourd'hui, avait poursuivi mistress Fanoche, nous n'avons plus rien de commun ensemble, et je vous chasse!

La vieille dame avait pleuré, prié, supplié.

—Et si vous me chassez, disait-elle en sanglottant, que voulez-vous donc que je devienne?

Il entrait probablement dans les vues de mistress Fanoche de ne pas se brouiller avec son ancienne associée, car elle avait fini par se laisser toucher et consenti à la voir retourner à Londres dans la maison de Dudley street.

Le jour même, la vieille dame avait repris ses fonctions, et replacé les malheureuses petites filles sous son fouet.

Mais mistress Fanoche était demeurée à Hampsteadt.

Elle envoyait Mary à Londres chaque jour pour lui rapporter ses provisions et ses lettres.

Mais elle n'osait franchir la grille de son jardin.

Mistress Fanoche avait peur de trois choses:

La première, c'est que lord Palmure ne fît faire une enquête.

La seconde, c'est que ces hommes qui étaient venus lui réclamer Ralph ne revinssent.

La troisième, c'est que miss Émily et son époux n'arrivassent redemander leur enfant.

Dix jours s'étaient écoulés cependant, et les hommes n'étaient pas revenus, et elle n'avait pas entendu parler de lord Palmure.

Mary, la veille encore, était revenue de Londres sans la moindre lettre et affirmait que le *petit pensionnat* marchait à merveille sous le fouet de la vieille dame. Mais mistress Fanoche était toujours en proie à une anxiété terrible.

Il était, ce jour là, quatre heures de l'après-midi, et Mary, partie depuis longtemps, n'était pas revenue encore.

D'horribles pressentiments assaillaient mistress Fanoche.

Assise auprès de la fenêtre du parloir, qu'elle avait laissée entr'ouverte, elle écoutait, le coeur palpitant, le bruit des omnibus qui passaient.

Enfin, l'un d'eux s'arrêta à la grille et une femme en descendit.

C'était Mary, la servante écossaise.

Mary avait une lettre à la main.

Mistress Fanoche sentit tout son sang affluer à son coeur.

Ce fut d'une main tremblante qu'elle prit la lettre, et, lorsqu'elle eut jeté les yeux sur la suscription, elle pâlit en reconnaissant l'écriture du major Waterley.

Le major n'écrivait que deux lignes:

«Demain, ma femme et moi, disait-il, nous serons chez vous. Nous avons hâte d'embrasser notre enfant.»

Mistress Fanoche cacha sa tête dans ses mains et se prit à trembler de tous ses membres.

—Que faire? que devenir? mon Dieu murmurait-elle.

—Madame, répondit Mary, c'est bien simple. La vieille dame dira que vous êtes en voyage.

—Avec l'enfant?

—Sans doute.

—Oh! dit mistress Fanoche, si on lui met dix guinées dans la main, elle dira où je suis. Ne nous a-t-elle pas trahies une fois déjà.

—Ça, c'est vrai, dit la vindicative Écossaise. Eh bien! si nous partions réellement d'ici?

—Mais où aller?

—Je ne sais pas, dit Mary; dans mon pays, si vous voulez.

—Le major portera une plainte à la police, et la police arrive toujours à tout savoir.

—C'est vrai tout de même, soupira l'Écossaise.

—On découvrira Wilton; le misérable avouera tout... et nous serons condamnées.

—A mort, dit l'Écossaise. Nous serons pendues, madame. Heureusement que la vieille dame y passera comme nous.

Et Mary parut se consoler du triste sort qui l'attendait, en songeant que ce sort serait partagé par son ennemie.

Mais comme mistress Fanoche se désolait de plus belle, un nouveau bruit se fit dans le jardin.

A Londres, en hiver, la nuit arrive de bonne heure, grâce à ce brouillard rouge qui monte éternellement de la Tamise et se répand sur la ville.

Les deux femmes se levèrent épouvantées.

Elles ne voyaient rien, mais elles entendaient des pas dans le jardin.

Pourtant Mary était bien certaine d'avoir refermé la grille.

Les pas approchaient.

Bientôt deux silhouettes apparurent dans le brouillard, puis un homme enjamba la croisée.

Alors mistress Fanoche jeta un cri.

Elle avait reconnue cet homme: c'était le mendiant Shoking.

Et derrière lui, un autre homme apparut, et mistress Fanoche le reconnut pareillement.

C'était celui qui lui avait réclamé Ralph dix jours auparavant, avec un accent d'autorité.

Cependant l'homme gris n'avait plus son costume traditionnel.

Il avait revêtu l'habit de policeman de M. Simouns et mistress Fanoche, défaillante, murmura d'une voix brisée:

—Ah! on vient nous arrêter!

XXIX

L'homme gris était armé et Shoking aussi.

Tous deux avaient un revolver et un poignard, qu'ils montrèrent tout d'abord à mistress Fanoche.

—Ma chère dame, dit l'homme gris, vous savez aussi bien que moi que vous n'avez pas de voisins, que, s'il vous prenait fantaisie d'appeler, on ne viendrait pas à votre secours.

D'ailleurs, l'habit que je porte doit vous prouver que personne ne vous prêterait main-forte.

Mistress Fanoche, en proie à une terreur inouïe, s'était jetée à genou et joignait les mains en demandant grâce.

L'homme gris fit un signe à Shoking:

—Emmène cette fille dit-il en désignant Mary l'Écossaise, conduis-la à la cuisine et tiens-la en respect. J'ai besoin de rester seul avec madame.

Shoking obéit.

L'Écossaise, malgré sa force herculéenne, comprit, en présence du revolver et du poignard de Shoking, qu'il n'y avait pas à plaisanter, et elle le suivit.

Alors l'homme gris dit à mistress Fanoche:

—Ma chère dame, rassurez-vous un peu, je vous prie, et laissez-moi vous dire tout de suite que je ne viens pas vous arrêter.

Ces mots produisirent un effet magique.

Mistress Fanoche se releva, attacha un regard avide sur son nocturne visiteur, et se suspendit pour ainsi dire à ses lèvres.

—Je ne vous arrêterai pas, poursuivit-il, bien que j'en aie le pouvoir et que j'aie, en outre, la preuve de tous vos crimes; si je le faisais, c'est que nous n'aurions pas pu nous entendre, et vous êtes, cependant, une femme d'esprit.

Mistress Fanoche tressaillit.

Elle se trompa même au sens véritable de ces dernières paroles et crut qu'elle avait affaire à un homme de police qui ne demandait pas mieux que de la laisser échapper, si elle payait une somme convenable.

—Hélas! monsieur, dit-elle, je ferai tout ce que je pourrai; mais je ne suis pas riche...

Un sourire vint aux lèvres de l'homme gris:

—Vous vous trompez, dit-il, je ne veux pas d'argent.

—Ah! fit mistress Fanoche, stupéfaite.

—Écoutez-moi bien et asseyez-vous là, près de moi.

Mistress Fanoche obéit.

—Voyons poursuivit-il, laissez-moi jeter tout d'abord un coup d'oeil sur votre situation. Vous avez commis assez de crimes pour faire pendre dix personnes.

Mistress Fanoche frissonna.

—Demain le major Waterley vous réclamera son fils, et ce fils vous ne pourrez le lui rendre.

—Hélas! dit-elle en pleurant.

—Le major portera une plainte, et vous irez à Newgate, où l'on vous tissera un collier de chanvre.

Le tremblement nerveux de mistress Fanoche reparut.

—Cependant, il y a moyen de tout arranger.

Elle leva de nouveau sur lui un oeil anxieux.

—L'enfant perdu est retrouvé, dit l'homme gris.

Mistress Fanoche jeta un cri.

—Et vous pouvez le représenter au major comme son fils.

Cette fois, mistress Fanoche jeta un grand cri et se leva tout debout.

—L'enfant est retrouvé s'écria-t-elle.

—Oui.

—Où est-il?

—Je l'ai en mon pouvoir.

—Et vous me le rendriez?

—Non, mais je le placerai dans une maison où vous pourrez conduire miss Émily et Waterley en toute sûreté. Ils l'y trouveront.

—Je ne comprends pas, dit mistress Fanoche.

—Il est inutile que vous compreniez, pour le moment du moins, dit l'homme gris.

Puis il prit mistress Fanoche par la main et la conduisit vers la croisée, qui était toujours ouverte, et lui montrant le grand mur qui fermait le jardin à l'ouest:

—Il y a là une maison?

—Oui.

—Elle est déserte?

—Toujours en hiver.

—Elle sera habitée demain.

—Ah! fit mistress Fanoche, et par qui?

—Par un vieux monsieur que vous irez voir en vous levant, et qui vous dira ce que vous aurez à faire.

—Mais... l'enfant?

—L'enfant sera auprès de lui.

—Seul?

—Non, avec sa mère.

Mistress Fanoche ouvrait de grands yeux, en même temps qu'une certaine défiance la reprenait.

—Mais, dit-elle, je ne connais pas la personne dont vous parlez, et je ne sais pas même son nom.

—Cette personne s'appelle monsieur Lirton.

—Ah! Et je n'aurai qu'à me présenter?

—Vous serez reçue sur-le-champ.

Et comme le visage de mistress Fanoche exprimait toujours la défiance, l'homme gris lui dit en souriant:

—Vous ne me croyez pas...

—Mais, dame! répondit la nourrisseuse d'enfants, tout cela est au moins bizarre...

—Mais tout cela arrivera, reprit-il. Maintenant, laissez-moi vous donner un dernier conseil. Croyez aveuglément à ce je vous dis, et faites ce que je vous commande. S'il en était autrement, vous pourriez bien aller demain soir coucher à Newgate.

Mistress Fanoche frissonna de nouveau.

—J'obéirai, dit-elle.

—Et ne cherchez pas à fuir, ajouta-t-il, car vous ne seriez pas hors de cette maison sans être arrêtée.

Faites ce que je vous commande, et vous serez satisfaite.

—Mais, monsieur, dit encore la nourisseuse, que le regard dominateur de l'homme gris pénétrait jusqu'au fond de l'âme, cet enfant a un caractère énergique; il a une raison au-dessus de son âge.

—Eh bien?

—Il protestera devant le major qu'il n'est pas pas son fils et il se plaindra de moi.

—Vous vous trompez encore. Je vous engage ma parole qu'il vous sautera au cou et fera et dira tout ce que vous voudrez...

Cette fois l'étonnement de mistress Fanoche devint presque de la stupeur.

L'homme gris prit son chapeau.

—Adieu, madame, dit-il, à demain.

Et il ouvrit la porte du parloir et appela Shoking qui était à la cuisine avec Mary l'Écossaise.

Cinq minutes après, le prétendu agent de police qu'on appelait à Scotland-yard M. Simouns, roulait vers Londres en compagnie de Shoking, dans un cab qu'ils avaient laissé au coin de Heathmount.

Shoking marchait depuis quinze jours d'étonnements en étonnements, à la suite de ce maître qu'il s'était donné.

Aussi avait-il fini par ne plus lui faire de questions et par trouver tout naturel.

L'homme gris lui eût dit qu'ils allaient prendre la cathédrale de Saint Paul sur leurs épaules et la transporter à Hyde-Park, que Shoking eût dit simplement:

—Allons! cela doit être possible.

Le cab roula rapidement et rentra au coeur de Londres en moins d'une demi-heure.

L'homme gris s'était enveloppé d'un grand manteau qui dissimulait entièrement son uniforme de policeman.

Au coin d'Holborne street, le cab s'arrêta.

Tous deux mirent pied à terre devant une maison assez chétive.

L'homme gris dit à Shoking:

—Suis-moi.

Et il s'engouffra dans une allée humide et sombre, ajoutant tout bas:

—Nous avons de la besogne cette nuit.

—Cela ne m'étonne pas, répondit Shoking.

—Sais-tu où nous allons?

—Non.

—Nous allons déterrer un mort.

Si habitué qu'il fût aux excentricités de l'homme gris, Shoking ne put se défendre de cette question:

—Il y a donc un mort dans cette maison?

Mais l'homme gris ne répondit pas, et il enfila l'escalier dont il monta lestement les degrés.

XXX

L'homme gris allait faire dans cette maison une chose bien simple et que le bon Soking aurait dû comprendre du premier coup.

Il allait quitter son habit de policeman et prendre des vêtements ordinaires.

Shoking le vit s'arrêter au deuxième étage, tirer une clef de sa poche et ouvrir une porte.

Après quoi, il se procura de la lumière, et alors Shoking put voir où il était.

Il se trouvait au seuil d'une chambre en tout semblable au logement d'un ouvrier honnête, laborieux et qui est sans femme ni enfants.

Un lit de bois blanc, une table, deux chaises, un porte-manteau où étaient appendus quelques habits, dans un coin une malle en bois, et un poêle en faïence.

Tel était l'ameublement.

Cependant l'homme gris était entré comme chez lui et Shoking lui dit:

—Ce n'est pourtant pas ici que vous demeurez?

—Ici et ailleurs, répondit l'homme gris, j'ai une demi-douzaine de logis dans Londres.

—Voilà qui est joliment commode! murmura Shoking avec un soupir. De cette façon on est toujours sur de ne pas coucher dehors.

L'homme ne put réprimer un sourire.

Puis, regardant Shoking:

—Eh bien! lui dit-il, quand j'aurai terminé ma tâche, accompli mon oeuvre, lorsque je n'aurai plus besoin de toi, je récompenserai tes services.

—Oh! fit Shoking, je ne vous sers pas par intérêt, croyez-le bien.

—Je le sais, mais ça ne m'empêchera pas de te donner une petite maison hors de Londres, où tu pourras vivre comme un gentleman.

Et l'homme gris quitta sa tunique courte et s'affubla d'un vieil habit tout râpé et d'un chapeau sans bord.

En même temps ses favoris roux tombèrent, et Shoking, bien qu'il eut été souvent témoin de ces métamorphoses, Shoking se mit à rire en disant:

—Le plus rusé des policemen n'est qu'un imbécile auprès de vous.

Ainsi vêtu, l'homme gris ouvrit sa malle et en retira une petite bêche courte, mais toute neuve, qui était enveloppée dans un morceau de toile cousu en forme de sac, lequel renfermait en outre, un marteau, un ciseau à froid et un tournevis.

—Prends cela, dit-il à Shoking. Ce sont les outils dont nous avons besoin.

Et il tira de sa malle un dernier objet qui attira bien autrement l'attention de Shoking.

Cet objet était une lanterne.

Mais non point une lanterne ordinaire, comme en portent les gens des bas quartiers où le gaz est rare.

Elle avait quatre verres de couleur différente: un blanc, un bleu, un rouge et un vert.

—Une drôle de lanterne! dit Shoking.

—Et dont je vais te montrer les qualités et l'utilité, dit l'homme gris.

Il ouvrit la lanterne et pressa un ressort.

Après quoi il alluma le bout de bougie qui se trouvait au centre.

Et, cela fait, il souffla la chandelle qui brûlait sur le poêle.

Shoking vit alors qu'un seul côté de la lanterne était éclairé et projetait une flamme blanche comme les feux d'un diamant.

—Mais c'est le soleil, ça, dit-il.

L'homme gris pressa un ressort.

La clarté blanche s'éteignit. Une flamme verte, qui changeait de ton à chaque seconde lui succéda.

Celle-là était sans rayonnement, et on eût dit un de ces gaz qui planent la nuit au-dessus des étangs ou des endroits putrides, et qui s'éteignent tout à coup.

Puis, le ressort joua deux fois de suite encore, et la lumière devint rouge, puis bleue, à la naïve admiration du bon Shoking.

—Une singulière lanterne, en vérité! répéta-t-il.

—Eh bien! dit l'homme gris, écoute-moi maintenant. Tu sais que la loi punit de l'emprisonnement, et souvent même de la déportation, ceux qui violent une sépulture?

—Oui, certes.

—C'est pourtant ce que nous allons faire.

—Et s'il en est ainsi, dit Shoking, c'est que vous avez des raisons.

—Naturellement. Seulement je ne veux pas que nous allions en prison et c'est pour cela que j'ai fait faire cette lanterne.

Shoking regardait toujours la lanterne qui jetait alternativement des feux verts, rouges et bleus.

—As-tu passé quelquefois auprès de Saint-Paul, la nuit, en été, après qu'il a plu?

—Très-souvent.

—Ces flammes ne te rappellent rien?

—Oh! si fait, dit Shoking, on en voit quelquefois de pareilles sur les tombes du cimetière qui entoure l'église. Elles se promènent comme si on les portait à la main.

—Et elles changent de couleur?

—Très-souvent. Il y a des gens qui disent que ce sont les âmes des morts qui redescendent sur la terre pour voir si leur corps est tranquille.

—Non, dit l'homme gris en souriant, ce sont des gaz et des phosphorescences qui se dégagent des matières en putréfaction. Mais je ne me plains pas de cette croyance, qui est consolante, après tout, et qui nous sera d'un certain secours cette nuit.

—Comment cela?

—C'est ce que je t'expliquerai en chemin. Viens.

Et l'homme gris éteignit sa lanterne et la mit dans sa poche, ainsi qu'un briquet.

Shoking avait jeté sur son dos le sac d'outils.

Ils refermèrent la porte de la chambre et descendirent sans lumière.

Une fois dans la rue, l'homme gris regarda l'heure à la pendule d'un public-house.

Il était neuf heures.

—Nous avons un bout de chemin à faire, dit-il; mais nous arriverons encore trop tôt. Allons à pied.

Le brouillard était très-épais: si épais même, que la circulation des voitures était presque interrompue.

Ils descendirent Holborne street, entrèrent dans Oxford, qui en est la continuation, et d'Oxford, ils gagnèrent le quartier irlandais qu'ils traversèrent, se dirigeant toujours vers la Tamise.

—Écoute bien, disait l'homme gris, et tu vas comprendre. Il n'y a guère de policemen aux alentours de l'église Saint-George.

—Les pauvres gens n'ont pas besoin d'être gardés avec autant de soin que les riches, dit Shoking.

—Mais il y a toujours des mendiants qui ne savent où coucher, des ivrognes attardés qui cherchent un public-house encore ouvert.

Voilà les gens que je crains, et en vue de qui j'ai fabriqué cette lanterne.

—Ah! fit Shoking, comment?

—Entrer dans le cimetière n'est rien, puisque le gardien de l'église viendra nous ouvrir.

—Bon!

—Le brouillard est assez épais pour qu'à travers les grilles on ne nous aperçoive pas, et nous ne ferons pas grand bruit, mais encore faudra-t-il y voir?

—C'est juste, dit Shoking.

—Une lanterne ordinaire nous trahirait, tandis que ces flammes vertes, rouges et bleues mettront en fuite les rôdeurs de nuit, qui feront un signe de croix et prieront pour les pauvres âmes en peine.

—Comment ne pas suivre au bout du monde un homme qui a des idées comme vous! s'écria Shoking enthousiasmé.

L'homme gris ne répondit pas à ce compliment.

Ils arrivèrent dans le Strand, descendirent au pont de Waterloo, et à l'entrée, tandis qu'il fouillait dans sa poche pour y prendre le penny de rigueur, il regarda la Tamise.

La Tamise avait disparu dans le brouillard et les réverbères du pont étaient invisibles.

—Une belle nuit pour déterrer un mort, murmura Shoking.

Et tous deux s'engagèrent sur le pont.

XXXI

Le pont de Waterloo traversé, l'homme gris et Shoking se trouvèrent dans cette partie de Londres située sur la rive droite qu'on appelle le Southwark.

De là à Saint-George, le trajet était court.

Néanmoins l'homme gris évita les rues larges et les voies fréquentées, et se dirigea vers la cathédrale catholique par ces petites ruelles dans lesquelles, la nuit précédente, il avait suivi la mère du pauvre garçon mort d'amour.

Le brouillard s'épaississait selon l'ordinaire.

C'est entre neuf heures du soir et deux heures du matin qu'il atteint, sur les deux rives de la Tamise, sa plus extrême densité.

L'église en était enveloppée, et à peine son clocher parvenait-il à déchirer cette enveloppe de brumes.

Cependant une lumière tremblottait dans le clocher et ressemblait à la lueur d'un cigare, tant elle était faible et sans rayons.

—Le sacristain nous attend, dit l'homme gris.

Et il contourna le mur du cimetière pour arriver jusqu'à la grille.

La grille était tout contre, pour nous servir d'une expression familière que tout le monde comprend.

Shoking la poussa et elle tourna sans bruit sur ses gonds.

Quand ils furent dans le cimetière, l'homme gris dit à Shoking:

—Donne-moi la main; tu pourrais te heurter à quelque tombe. Moi, je connais le chemin.

—Brrr! fit Shoking, si on m'avait dit, il y a huit jours, que je me promènerais la nuit dans un cimetière, je n'aurais pas voulu le croire. Je n'ai pas peur des morts, précisément, mais je préférerais le gazon de Hyde-Park.

—Gentleman! fit l'homme gris d'un ton moqueur.

—C'est que, voyez-vous, continua Shoking, on a beau dire, mais les morts ne peuvent pas être contents.

L'homme gris ne répondit pas.

Mais il continua son chemin, traînant toujours à sa suite Shoking, qui avait le frisson et sentait ses cheveux se hérisser.

Ils arrivèrent ainsi à la porte percée derrière le choeur.

L'homme gris n'eut qu'à frapper trois coups, et elle s'ouvrit presque aussitôt.

Le vieux sacristain apparut, son surplis blanc sur les épaules et sa lampe à la main.

—Tout va bien? lui demanda l'homme gris.

—Oui, votre Honneur. La mère et l'enfant sont toujours là-haut.

—Et ils m'attendent?

—Sans doute. L'abbé Samuel est venu ce soir.

—Ah!

—Il les a vus et il m'a dit que je pouvais vous obéir aveuglément.

—Il a eu raison, dit l'homme gris en pénétrant dans l'église.

—Aussi vous obéirai-je, ajouta le sacristain.

—Quoi que je fasse ou dise?

—Sans doute, puisque l'abbé Samuel le veut. Nous brûlerions l'église, s'il nous le commandait.

L'homme gris se tourna vers Shoking.

—Attends-moi ici, sur ce banc, dit-il.

—Où donc allez-vous?

—Dans le clocher.

Et il se dirigea vers la porte de l'escalier en colimaçon qui conduisait au logis du sacristain.

Ce dernier suivait l'homme gris, qui lui dit encore.

—L'Irlandaise est-elle couchée?

—Elle, non, mais son fils dort.

—Je n'ai affaire qu'à elle.

Et il monta sans bruit, probablement pour ne pas troubler le repos de l'enfant.

Que se passa-t-il entre l'Irlandaise et lui?

Shoking ne le sut pas.

Mais il attendit près d'une heure, tremblant de tous ses membres et n'osant parler au sacristain, tant le bruit de sa voix, que répercutaient les échos de l'église, l'effrayait.

—Je n'ai pas peur des vivants, pensait-il, non bien sûr. Shoking est brave autant qu'il est gentleman, chacun sait ça, mais j'ai peur des morts... Oh! mais peur!...

Le pauvre diable, malgré sa confiance aveugle dans l'homme gris, regrettait en ce moment les mauvais jours passés et se disait encore:

—J'aimerais bien mieux être couché le ventre vide sous les voûtes d'Adelphi.

Enfin, l'homme gris revint.

—As-tu ton sac? dit-il à Shoking.

—Le voilà.

—En route, alors...

—Mais, dit Shoking, c'est donc sérieux?

—Quoi donc?

—Que nous allons déterrer un mort?

—Oui.

A son tour, le vieux sacristain eut un geste d'étonnement.

—L'abbé Samuel ne vous a-t-il pas dit de m'obéir, fit l'homme gris.

—Oui, Votre Honneur.

—Eh bien! écoutez mes recommandations. A quelle heure ouvrez-vous la grille du cimetière?

—Aussitôt que j'ai sonné l'*Angelus*.

—Par conséquent, une heure avant le jour.

—A peu près.

—Nous nous en irons cette nuit, et nous emmènerons avec nous l'Irlandaise et son fils.

—Ah! fit le sacristain.

—Quand nous serons partis, vous fermerez la grille.

—Bien.

—Et vous irez vous coucher, et vous attendrez, pour l'ouvrir, que le jour soit venu tout grand. Comprenez-vous pourquoi?

—Non.

—C'est à la seule fin que la pauvre femme vêtue de deuil qui vient tous les matins avant le jour prier sur une tombe, ne puisse venir demain.

—C'est donc cette tombe?...

—Celle-là même; mais, dit encore l'homme gris, rassurez-vous, nous n'emporterons ni le corps ni le cercueil. Demain vous irez chercher le fossoyeur et vous lui ferez remettre du gazon sur la tombe de façon que la pauvre femme ne s'aperçoive de rien.

Alors l'homme gris tira sa lanterne et l'alluma à la lampe du sacristain.

Puis il fit jouer le ressort de façon à masquer trois des faces et à ne laisser découverte que la quatrième, qui se mit aussitôt à répandre un feu verdâtre autour d'elle.

—Viens, dit-il encore à Shoking.

Celui-ci chancelait en marchant.

Lorsqu'ils furent revenus dans le cimetière, la promenade à travers les tombes recommença.

L'homme gris agitait sa lanterne, tantôt l'élevant à la hauteur de sa tête, tantôt l'abaissant vers le sol, pour lui donner l'apparence d'un véritable feu follet.

Quelquefois il l'approchait d'une pierre tumulaire, regardait l'inscription et disait:

—Ce n'est pas ici...

Enfin il trouva la tombe de Dick Harrisson.

Alors, comme Shoking tremblait toujours, il lui dit:

—Tiens-moi la lanterne et donne-moi le sac.

Il l'ouvrit, y prit la bêche, s'agenouilla sur le gazon et se mit à creuser lentement.

De temps en temps il interrompait sa besogne pour reprendre la lanterne dont il changeait la flamme.

Enfin la bêche rendit un son mat.

Elle venait de heurter le cercueil...

Alors Shoking sentit une sueur glacée perler à son front, la lanterne lui échappa des mains et s'éteignit.

XXXII

La lanterne éteinte, l'homme gris et Shoking se trouvèrent dans la plus complète obscurité.

Les dents de Shoking s'entre-choquaient, et l'homme gris comprit qu'il était en proie à une de ces terreurs superstitieuses que le raisonnement ne peut arriver à dominer.

Il s'arrêta dans sa funèbre besogne, laissa sa bêche sur le tertre entamé, à force de tâtonner retrouva sa lanterne, et dit alors à Shoking:

—Viens, tu finirais par me trahir... triple poltron que tu es!

Comme Shoking chancelait, il le prit dans ses bras et l'emporta.

—Pardonnez-moi... pardonnez-moi, balbutiait Shoking... c'est plus fort que moi... mais c'est le bruit de la bêche sur ce cercueil... oh! ce bruit.

Au lieu de retourner vers l'église, l'homme gris se dirigea au contraire vers la grille qui était entr'ouverte.

Cette grille franchie, Shoking respira plus à l'aise.

Alors l'homme gris le remit sur ses pieds.

—Voyons, dit-il, as-tu toujours peur?

L'accès de terreur était passé. Shoking prit la main de l'homme gris et la porta à ses lèvres:

—Pardonnez-moi! répéta-t-il. C'est la première fois que je vous fais défaut, maître, ce sera la dernière.

Autour du cimetière, il y a une sorte de square, et dans ce square des bancs.

L'homme gris fit asseoir Shoking sur l'un d'eux et lui dit encore:

—Auras-tu peur ici?

—Oh! non.

—Si tu voyais venir quelqu'un, si tu entendais du bruit, serais-tu assez maître de toi pour me donner un signal?

—Oui, je vous le jure.

—Eh bien! reste.

—Je donnerai un coup de sifflet.

—Non, dit l'homme gris, mais tu te mettras à chanter le *Rule britannia*.

—Parfait, dit Shoking, qui commençait à avoir honte de sa peur.

—Je vais faire la besogne tout seul, dit l'homme gris.

Comme il allait s'éloigner, Shoking le retint:

—Maître, dit-il, est-ce que vous me ferez porter le cadavre?

A cette question l'homme gris tressaillit.

—Au fait, dit-il, si tu as peur, c'est un peu ma faute, j'aurais dû te dire tout d'abord ce dont il s'agissait. Écoute-moi donc bien et achève de te rassurer. Je ne veux pas emporter le cadavre.

—Ah! dit Shoking avec un redoublement d'étonnement.

—Je ne suis pas un Burker, continua l'homme gris, et je ne vends pas des morts aux amphithéâtres de dissection.

—Mais alors?

—Alors j'ai besoin d'ouvrir la bière, de prendre dedans des papiers importants pour notre cause, voilà tout.

As-tu toujours peur?

—Non, dit Shoking, et je suis prêt à vous suivre de nouveau dans le cimetière.

—Oh! répondit l'homme gris, j'aime autant que tu restes ici.

Et il retourna dans le cimetière, et, à l'aide d'un briquet, ralluma sa lanterne.

Un silence profond régnait autour de l'église.

L'homme gris, arrivé sur la tombe, mit sa lanterne au ton vert, la posa à terre et se mit à la besogne.

A Londres les fosses sont peu profondes; cela tient à ce que, de siècle en siècle, on a superposé des couches de cadavres, ne pouvant agrandir les cimetières.

Il n'y avait donc pas un pied de terre sur la bière de Dick Harrisson, et l'homme gris eut bientôt mis le cercueil à découvert.

Alors, l'espace d'une seconde, il fit passer sa lanterne au feu blanc, qui seul pouvait lui donner assez de clarté pour ce qu'il voulait voir.

La bière était-elle clouée ou fermée par des vis?

Dans le premier cas, il allait être obligé de se servir d'un marteau et de faire un peu de bruit.

Il lui faudrait peut-être même briser le couvercle de la bière.

Mais la vive clarté qui s'échappa de la lanterne lui permit de se rassurer sur-le-champ.

La bière était garnie de quatre vis qui assujettissaient le couvercle.

Dès lors la besogne était facile, et la lanterne repassa au feu vert.

Il prit dans le sac de toile un petit outil avec lequel il se mit à dévisser le couvercle.

Ce fut l'affaire de quelques minutes.

En ce moment une voix traversa l'espace.

L'homme gris reconnut la voix de Shoking qui entonnait le *Rule britannia*.

En même temps un bruit de pas retentit dans le lointain.

L'homme gris se mit à agiter sa lanterne en tous sens.

Tantôt elle montait dans l'air, tantôt elle rasait le sol comme un feu follet, tantôt encore elle avait l'air d'une étoile filante qui traverse l'espace.

Les pas que l'homme gris avait entendus, s'éloignèrent alors précipitamment, et Shoking cessa de chanter.

Deux hommes du peuple qui sortaient de quelque public-house avaient vu le feu vert, et persuadés que c'était une âme en peine, ils avaient pris la fuite.

Le danger était passé et l'homme gris se remit l'oeuvre.

Il enleva le couvercle. Alors le pauvre mort lui apparut enveloppé dans son suaire.

Où étaient les papiers?

L'homme gris hésitait à toucher le cadavre de ses mains et à le soulever, non par peur, mais par un sentiment de respect facile à comprendre. Il se décida donc à démasquer une seconde fois sa flamme blanche, en approchant la lanterne de la bière, dans laquelle elle projeta sur-le-champ une vive clarté.

Une grosse enveloppe de papier gris était placée entre la tête du mort et la paroi supérieure de la bière.

L'homme gris la prit et la tira à lui avec tant de précaution, que la tête du mort ne remua pas.

La profanation n'avait pas eu lieu, et le sommeil du mort n'avait point été troublé.

—Adieu, mon pauvre Dick, dit alors l'homme gris, dors en paix, tu seras vengé!

Et il replaça le couvercle, après avoir de nouveau fait succéder le ton vert à la flamme blanche.

Le couvercle revissé, il refoula la terre sur la tombe et la bière eut bientôt disparu sous elle.

L'homme gris éteignit sa lanterne, glissa l'enveloppe dans sa poche, emporta le sac d'outils, et se dirigea vers l'église.

Le sacristain l'attendait dans le choeur.

—L'enfant est-il éveillé? demanda-t-il.

—Oui, répondit le sacristain.

—Allez prévenir la mère qu'elle peut descendre.

Le sacristain se dirigea vers l'escalier du clocher, laissant l'homme gris perdu dans les ténèbres du choeur.

Quelques minutes après, il reparut suivi de l'Irlandaise qui tenait son enfant par la main.

Ralph reconnut l'homme gris et lui tendit les bras.

—Viens, mon enfant, dit celui-ci.

Et il ajouta en regardant la mère:

—Je vais le porter.

Il le prit dans ses bras, en effet, franchit de nouveau la porte du choeur, et, suivi de l'Irlandaise, il traversa le cimetière.

Shoking attendait toujours à la même place.

—Maintenant, lui dit l'homme gris, il s'agit de trouver un cab et de filer à Hampsteadt.

Et, tandis qu'ils s'éloignaient, le vieux sacristain, fidèle aux ordres qu'il avait reçus, traversa le cimetière à son tour, et vint fermer la grille.

FIN DU DEUXIÈME VOLUME